Wer auf andere Leute wirken will,
der muss erst einmal in ihrer
Sprache mit ihnen reden

\- Kurt Tucholsky -

In aller Kürze – Worum es geht

Die Bedeutung eines Wortes lässt sich aus seiner Nutzung im Alltag erschließen. Im Jobcenter ist das allerdings herausfordernd, weil diverse Wörter hier konträr zum Alltagsverständnis vieler Menschen genutzt und mit Bedeutung aufgeladen werden. Der Rekurs auf Angebote, Einladungen, Kunden und Eingliederungsvereinbarungen impliziert Freiwilligkeit. Diese ist im Jobcenter aber nur bedingt gegeben, da Beratung hier faktisch in einem Zwangskontext stattfindet. Die Menschen, die im Jobcenter *Kunden* genannt werden, können sich nicht wie *echte* Kunden verhalten. Sie stehen in einem Abhängigkeitsverhältnis zum Jobcenter. Hier werden sie *betreut* und *aktiviert*. Beides legt Unselbstständigkeit nahe, was nicht wenige *Erwerbslose* echauffiert, die längst nicht immer *arbeitslos* sind. Auch geschieht es im Jobcenter nicht selten, dass *persönliche Ansprechpartner* gerade *nicht* persönlich ansprechbar sind. Deren Aufgabe ist u. a., Kunden, die sich nicht wie Kunden fühlen, in *Bildungsmaßnahmen* zuzuweisen, die selten der Weiterbildung dienen. Im Jobcenter wird, das impliziert schon die Institutionsbezeichnung, auch selten in Arbeit vermittelt. Vermittelt werden *Jobs*. Zu jobben ist aber etwas Anderes als zu arbeiten. Und wenn Kunden sich im Jobcenter nicht regelkonform verhalten, *werden* sie nicht etwa sanktioniert, sondern die Sanktion wird *festgestellt*. Inwieweit diese Semantik Einfluss nimmt auf die Interaktion von Arbeitsvermittlern und ihren Kunden, wird hier anhand der Schilderung von 11 Begrifflichkeiten dargelegt, die im Jobcenter eine andere Bedeutung haben als in der Vorstellung vieler Kunden.

Anmerkungen zu diesem Text: Mehrere der hier reflektierten Aspekte bzgl. der Kommunikationsformen und -hürden im Jobcenter finden sich in ausführlicherer Form und mit anderer Schwerpunktlegung auch im Buch *(Bildungs-)Beratung im Jobcenter*, das der Autor 2019 im Hamburger Wissenschaftsverlag Dr. Kovač veröffentlicht hat.

Kontakt zum Autor: Bei Anmerkungen, Fragen oder auch Kritik ist der Autor erreichbar über seine Homepage www.serene-success.de

Abkürzungsverzeichnis

AA / AfA	Agentur für Arbeit
AGS	Arbeitgeberservice
ALG II	Arbeitslosengeld II
ALO/ASU	arbeitslos/arbeitsuchend (Statusangabe im ⇒VerBIS)
AVGS	Aktivierungs- und Vermittlungsgutschein
BA	Bundesagentur für Arbeit
BeKo	Beratungskonzeption der Bundesagentur für Arbeit
BewA	Bewerberangebot
BMAS	Bundesministerium für Arbeit und Soziales
EinV	Eingliederungsvereinbarung
eLb	erwerbsfähige Leistungsberechtigte
elW	Ermessenslenkende Weisung
FbW	Förderung beruflicher Weiterbildung
FM	Fallmanager/Fallmanagement
gE	gemeinsame Einrichtung
Hartz IV	4. Gesetz für moderne Dienstleistungen am Arbeitsmarkt
IFK	Integrationsfachkraft
JC	Jobcenter
KKD	Kundenkontaktdichte
MAbE	Maßnahme zur Aktivierung und beruflichen Eingliederung
MAG	Maßnahme bei einem Arbeitgeber
MAT	Maßnahme bei einem Träger
OK	Optionskommune
pAp	persönlicher Ansprechpartner
SGB II	Sozialgesetzbuch II
SteA	Stellenangebot
SteSu	Stellensuchlauf
VerBIS	Vermittlungs-, Beratungs- und Informationssystem
VA	Verwaltungsakt
VV	Vermittlungsvorschlag

Inhalt

Sprache schafft Realität(en)

Sprache formt das Bewusstsein. Sie beeinflusst das Denken über Dimensionen wie Zeit, Raum, Mengen und Geschlechter. Einer der einflussreichsten Vertreter der Sprachphilosophie, Ludwig Wittgenstein (2003, PU 43), erklärte, dass sich die Bedeutung eines Wortes aus dessen Gebrauch in der Sprache ergibt. Worte bedeuten das, was diejenigen, die sie nutzen, ihnen an Bedeutung zuschreiben. Ein Stuhl ist ein Stuhl, weil es Menschen gibt, die ihn als solchen bezeichnen. Er wird zum Sitzobjekt, weil Menschen über eine Vorstellung dessen verfügen, dass ein Stuhl als Sitzmöbel fungieren kann. Freilich kann man mit einem Stuhl aber noch viel mehr anstellen. Man kann ihn zu Feuerholz verarbeiten, wenn er aus Holz ist. Man kann ihn jemandem über den Kopf schlagen, ihn zum Wäscheständer umfunktionieren und vieles mehr. Davon abgesehen steht das Wort Stuhl auch für Ausscheidungen von Stoffwechselendprodukten. Je nach Kontext und Berufshintergrund haben Menschen unter Umständen ganz unterschiedliche Bilder im Kopf, wenn sie an „Stuhl" denken. Der Gastronom wird vielleicht an Sitzmöbel für sein Restaurant denken, der Linksextremist bei einer Straßenschlacht vielleicht an das Überkopfschlag-Möbel, die Gastroenterologin vielleicht ans Stoffwechselendprodukt.[1]

Was für den Stuhl gilt, gilt auch für jedes andere Wort. Wenn Menschen in der gleichen Sprache miteinander sprechen, haben sie ein grundlegend ähnliches Verständnis davon, was bestimmte Worte bedeuten (sollen). Wäre die weitgehende Deckungsgleichheit der Assoziationen nicht gegeben, könnten die Menschen kaum kommunizieren. Sie würden ständig aneinander vorbei reden. Das jeweilige Verständnis eines Wortes durch mehrere Personen ist aber kaum je *völlig* deckungsgleich. In Nuancen ist es verschieden. Im vorliegenden Text interessieren die diversen Wortbedeutungen, die in der Grundsicherungsarbeit

---

[1] Der Autor weiß um die diskriminierende Wirkung von Sprache. Ihm ist bewusst, dass es insbesondere in einem Text, in dem Sensibilität in Bezug auf Sprachverwendung das zentrale Thema ist, probat ist, Leser/ innen korrekt anzusprechen. Gleichwohl hält der Autor wenig davon, der Diversität geschlechtlicher Selbstbeschreibungen durch die Nutzung von Konstruktionen wie dem Gender_Gap, Binnen-I oder Gender*Sternchen gerecht zu werden. Stattdessen kommt im Text das Zufallsprinzip zur Anwendung. Es wird manchmal die weibliche und manchmal die männliche Form genutzt, statt ständig in Paarform zu schreiben. Das erfolgt zwecks Sicherstellung des guten Leseflusses. Es sind dabei immer Menschen jedes Geschlechts gemeint.

im Jobcenter seitens der Mitarbeitenden geäußert, in der EDV hinterlegt und in Schriftstücken zu Papier gebracht werden. Es geht hier kurzum um die Besonderheiten der Verwaltungssprache. Dies nicht aus juristischer Perspektive, sondern aus einer sozialwissenschaftlichen. Kurt Tucholsky meinte, dass der, der auf andere Leute wirken will, erst einmal in ihrer Sprache mit ihnen reden müsse. Dass das im Jobcenter nicht immer geschieht, wurde dem Autor dieses Textes in den 5 ½ Jahren, in denen er als sogenannter persönlicher Ansprechpartner (pAp) in 3 Jobcentern tätig war, deutlich.

Im Rahmen von Orientierungs-, Vermittlungs-, Beratungs-, Sanktions- und Streitgesprächen, in Folge von Reaktionen auf Einladungen und Anhörungsschreiben, in Telefonaten, in der E-Mail-Korrespondenz wie auch in Teamsitzungen und Schulungsseminaren bei der Bundesagentur für Arbeit wurde dem Autor bewusst, wie konträr zum Alltagsverständnis bestimmte Worte im Jobcenter genutzt und mit Bedeutung aufgeladen werden. Der Autor sprach darüber mit Beziehenden von Arbeitslosengeld II, mit Kolleginnen, Vorgesetzten und Dozentinnen der Bundesagentur für Arbeit (BA). Er sichtete BA-interne Dokumente, Forschungsberichte sowie Korrespondenzschreiben von Leistungsbeziehenden. Dabei stieß er auf sprachliche Besonderheiten, welche die Interaktion von Integrationsfachkräften und Kunden im Jobcenter prägen. Zugespitzt ließe sich sagen, dass Sprache im Jobcenter systematisch (de)formiert wird. In kaum einem anderen Arbeitsfeld besteht ein ähnlicher Bedarf daran, sich Anführungszeichen bedienen zu müssen, wie das der Fall ist, wenn Schreiben des Jobcenters betrachtet werden.

Es ist zu vermuten, dass ein Viktor Klemperer seine Freude an der Analyse der *Lingua Jobcenter* gehabt hätte. Für die Beziehenden von Arbeitslosengeld II, die im Jobcenter euphemistisch als „Kunden“ [2] bezeichnet werden und sich mit dieser Sprache auseinanderzusetzen haben, ist es allerdings oftmals keine Freude. Für sie kann es eine Quelle von Verunsicherung und Verärgerung sein, dass das Jobcenter unter Einladungen, Vorschlägen und Angeboten etwas anderes versteht als das, was gemeinhin darunter verstanden wird. Das wird auf den nächsten Seiten anhand der folgenden Ausdrücke beschrieben, die hinsichtlich ihrer Verwendung im Jobcenter-Kontext kommentiert werden:

---

[2] Darauf, warum das Wort „Kunden“ in diesem Text durchgehend in Anführungszeichen gesetzt ist, wird später ausführlich eingegangen.

- Arbeit und Arbeitslosigkeit
- Aktivieren
- Anbieten, einladen, vorschlagen
- Eingliederungsvereinbarung
- Betreute Kunden
- Persönlicher Ansprechpartner
- Job(center)
- Beraten
- Bildungsmaßnahmen
- Coaching
- Sanktionen Feststellen

Arbeit und Arbeitslosigkeit

„Menschen und Arbeit zusammenbringen" – so lautet ein Slogan der Bundesagentur für Arbeit (BA), der das Selbstverständnis der Organisation auf den Punkt bringt. Menschen, die vermeintlich keiner Arbeit nachgehen, geraten nicht nur schnell in den Fokus der Arbeitsvermittler in der BA und im Jobcenter (Motto: Die müssen aktiviert werden), sie erleben auch Diskriminierung und Abwertung.[3] Insbesondere im Falle von Langzeitarbeitslosigkeit wird den Menschen häufig „der Missbrauch von Sozialleistungen, Faulheit sowie mangelnde Ambitionen und Motivation, etwas gegen ihre Arbeitslosigkeit zu tun, vorgeworfen" (Zick et al. 2016, S. 41). Gerade Langzeitarbeitslosigkeit, definiert als Arbeitslosigkeit von über 12 Monaten Dauer, gelte es daher, so der im Jobcenter und in breiten Teilen der Öffentlichkeit vorherrschende Tenor, schnellstmöglich zu überwinden – und zwar im Bedarfsfall auch mittels der Bestrafung arbeitsloser Menschen. Arbeit kommt, so lässt sich mit Fug und Recht sagen, in dieser Gesellschaft eine zentrale Bedeutung zu. Die westliche Zivilisation habe, so schreibt Kerber (2002, S. 69), „die Gesellschaft allein auf Arbeit aufgebaut. Arbeit ist es, die Sinn stiftet und Identität. Wer ohne Arbeit ist, fühlt sich wert- und nutzlos. Es ist das Ethos unserer Arbeitsgesellschaft, dass sich die Menschen so sehr an ihre Erwerbsarbeit klammern lässt." Die Macht des modernen Arbeitsglauben lebe, so meint der Soziologe Wolfgang

[3] Aufschlussreich ist diesbezüglich der dritte *Bericht der Antidiskriminierungsstelle des Bundes* (2017, S. 16. ff.), der zentrale Punkte, die institutionelle Diskriminierung von Langzeitarbeitslosen befördern können, zusammenfasst. Vgl. zur Abwertung von (Langzeit-)Arbeitslosen auch Groß (2016), Kaufmann (2013, S. 309 ff.), Zick (2010) sowie Mansel & Endrikat (2007).

Engler in *Bürger, ohne Arbeit* (2005, S. 41) „von der Angst, ihn zu verlieren." Arbeit bedeutet Sinn und Sicherheit. Der Gedanke daran, sie zu verlieren, erzeugt Angst. Den Grund dafür, der als exemplarisch für diese Überzeugung gelten kann, fasst auch der Namensgeber der als *Hartz-Gesetzgebung* bekannt gewordenen Gesetze für moderne Dienstleistungen am Arbeitsmarkt, Peter Hartz, zusammen mit Hilarion Petzold (2014, S. 35), zusammen. Sie schreiben:

„Wir dürfen nie vergessen: Arbeit bedeutet ja nicht allein Beschäftigung und Lohn. Sie bedeutet auch Selbstbestimmung, Eigenverantwortung, Kreativität, Selbstverwirklichung, gesellschaftliche Teilhabe und letztlich *Sinnerleben, die Anerkennung von Integrität und Würde*. ‚Ich glaube, es ist gottgewollt, dass wir arbeiten', hat Oswald von Nell-Breuning, der große Denker und Nestor der katholischen Soziallehre einmal gesagt, und damit auf einen tieferen Sinn der Arbeit verwiesen. Darf es uns gleichgültig lassen, dass Millionen erwachsener Menschen die sinnstiftende Qualität von Arbeit vorenthalten bleibt?" Was Hartz und Petzold schreibe, steht exemplarisch für die vorherrschenden Wertvorstellungen bezüglich der Arbeit in unserer Gesellschaft. Die Vorstellungen des Gros der Menschen in diesem Land, die sich auch in der Gesetzgebung widerspiegeln, sind dabei entscheidend geprägt von der protestantisch-calvinistischen Arbeitsethik. Sie haben sich durch über 200 Jahren Kapitalismus so in den Köpfen der Menschen verfestigt, dass sie als naturgegeben angesehen werden. Doch das sind sie keineswegs. Vielmehr ist es so, dass die Arbeit im Laufe der letzten Jahrhunderte eine komplette Bedeutungsumkehr erfuhr.

Für Menschen im Mittelalter war Arbeit so gut wie nie mit Sinn-Erfüllung assoziiert. Sie war reines Mittel zum Überlebenszweck. Auch in der Antike wurde Arbeit mitnichten als Mittel der Selbstverwirklichung und Lebenssinn betrachtet. In seiner *Nikomachischen Ethik* äußert Aristoteles deutlich seine geringe Wertschätzung für die Arbeit. Sie sei Domäne der Unfreien, der Sklaven und Handwerker. Wirkliche Freiheit hingegen „erfüllt sich im Engagement fürs Allgemeine, ist Leben im Geist der praktischen oder der theoretischen Vernunft. [...] Arbeit [in vormodernen Zeiten] ist minderwertig in erster Linie nicht, weil Sklaven sie versehen, sondern weil ihr Vollzug als minderwertig, als versklavend gilt, wird sie zur Domäne der Recht- und Stimmlosen" (Aristoteles zitiert nach Engler 2005, S. 31-32). Moral und Werte sind immer wandelbar, sie sind eine gesellschaftliche Konstruktion. Die unseren fasste Max Weber bereits im Jahr 1904 in seinem Werk *Die protestantische Ethik und der*

Geist des Kapitalismus zusammen. Die Religion hat im Laufe der Jahrhunderte immer mehr von ihrer Prägekraft verloren. Der Kapitalismus ist allerdings auch heute noch geprägt vom gleichen Wertmaßstab wie vor 100 Jahren: Wert schafft nur jener Mensch, der arbeitet, der wirtschaftliche Erfolge erzielt. „Unglücklicherweise ist genau diese Gleichsetzung das kulturelle Dogma unserer Zeit schlechthin. Einzig der arbeitende Mensch gilt als aktiv handelnde Person, als vollwertiges soziales Wesen, das zu Stolz und Selbstachtung berechtigt ist" (Engler 2005, S. 144). Dass dem Arbeitsprimat, das in § 2 des Sozialgesetzbuches 2 kodifiziert ist, nicht nur eine rechtliche, sondern gar eine moralische Komponente inhärent ist, hat laut Berlit (2013, S. 200) bereits das Bundesverfassungsgericht (67, 1 [5] vom 10.2.1983) folgendermaßen hervorgehoben:

„Arbeiten als solches ist - ganz gleich, auf welchem Wege hierzu Gelegenheit geboten wird - ein Mittel, einen Hilfesuchenden (Hilfeempfänger) in seinem Selbsthilfestreben zu unterstützen und ihm Gelegenheit zur Entfaltung seiner Persönlichkeit zu geben, ein wesentliches Kriterium für ein Leben, das der Würde des Menschen entspricht." Zu arbeiten gilt als Quelle der Selbstachtung. Zu fragen ist nur: Was *ist* Arbeit? Die Frage mutet banal an, ist es aber mitnichten, zumal diverse Definitionen von Arbeit sich mitunter erheblich unterscheiden. In der Bundesagentur für Arbeit und in den Jobcentern herrscht in der Regel das Verständnis vor, dass Arbeit eine finanziell vergütete, vertraglich geregelte und rechtlich normierte Tätigkeit sei. Diese Vorstellung ist es auch, die in vielen Maßnahmen zur Aktivierung und beruflichen Eingliederung (MAT) seitens der dortigen Dozenten vermittelt wird. Menschen, die keiner bezahlten Arbeit nachgehen, werden im Jobcenter sowie in Aktivierungsmaßnahmen als *arbeitslos* bezeichnet. Diese Bezeichnung geht allerdings insofern fehl, als viele Menschen, die Arbeitslosengeld (ALG) II erhalten, zwar keiner Erwerbsarbeit nachgehen, aber sehr wohl arbeiten. Sie verrichten oftmals diverse Dinge und sind gesellschaftlich aktiv, werden dafür aber nicht bezahlt.

Da das SGB II nur Erwerbsarbeit als Arbeit klassifiziert, wird jene nicht finanziell vergütete Arbeit, die von Menschen im Ehrenamt, im privaten und im familiären Kontext geleistet wird, nicht als Arbeit anerkannt. Man kann sich, wenn man ALG II erhält, nicht darauf berufen, dass man durchaus arbeite, wenn man z. B. Kinder erzieht und einem Ehrenamt nachgeht. Doch eben diese Tätigkeiten sind es, die regelmäßige und kontinuierliche Erwerbsarbeit überhaupt erst ermöglichen. Würden von einem Tag auf den anderen nur noch jene

Arbeit verrichten, die finanziell entlohnt wird, würde die Wirtschaft zusammenbrechen. Die Gesellschaft ist darauf angewiesen, dass täglich nicht vergütete Arbeit verrichtet wird. Gewürdigt wird diese aber kaum. Das zeigt sich beispielhaft daran, dass erziehende Menschen, die ALG II erhalten, bereits ab dem dritten Geburtstag ihres Kindes dem Arbeitsmarkt zur Verfügung stehen müssen. Auch wird das Elterngeld voll auf die ALG-II-Leistungen angerechnet. Dass man sich in den ersten 4-5 Lebensjahren des Kindes primär um dieses kümmern und keiner Erwerbsarbeit nachgehen wolle, wird nicht als wichtiger Grund der Ablehnung einer Beschäftigung akzeptiert. Arbeit wird nur dann anerkannt, wenn sie normiert und entlohnt erfolgt. Gorz (2000, S. 91) bemerkt:

„Das »Recht auf Arbeit« (gleichbedeutend mit dem Recht auf den Arbeitsplatz) wird vor allem als ein politisches Recht beansprucht, Zugang zu den sozialen und ökonomischen Aspekten der Staatsbürgerlichkeit zu erlangen. Solange dem so ist, werden Aktivitäten, die von der Norm regelmäßiger Vollzeitarbeit abweichen, als minderwertig wahrgenommen, als etwas, das dazu führt, die Rechte des Bürgers zu beschneiden, ihm die Vorteile zu verweigern, die »normal« Beschäftigte genießen." Darum „sagt man von einer Frau, sie habe Arbeit, wenn sie in der Grundschule unterrichtet, und sie habe keine, wenn sie ihre eigenen Kinder großzieht" (ebd., S. 11). Ein ironischer Satz Friedrich Lists (1841) lautet: „Wer Schweine erzieht, ist ein produktives, wer Menschen erzieht, ein unproduktives Mitglied der Gesellschaft" (in Prantl 2005, S. 67). Der Satz ist noch heute aktuell, denn die Leistungen der Familie gehen bis heute nicht in die Berechnungen des Bruttosozialprodukts ein. Kindererziehung wird Familien geleistet, die so finanzielle Nachteile erfahren. Gesellschaft und Wirtschaft nehmen die Erziehungsleistung entgegen, danken sie aber nur mit finanzieller Mehrbelastung und weitgehender Nichtanerkennung.

Im Jobcenter erleben das tagtäglich vor allem alleinerziehende Kundinnen. Laut BA-Statistik (2017 f, S. 5) beziehen etwa 37 % aller Alleinerziehenden in Deutschland Arbeitslosengeld II. Ca. 95 % der Alleinerziehenden sind Frauen (Achatz et al. 2013, S. 8). Sie sind oft mit erheblichen finanziellen und beruflichen Schwierigkeiten konfrontiert. Zu nennen sind Ausfallzeiten bei Erkrankung der Kinder, ein Mangel an Kinderbetreuungsplätzen, unzureichende Mobilität und ggfs. nicht mehr hinreichend aktuelle Qualifikationen aufgrund einer Elternzeit. Rund ein Drittel der Alleinerziehenden müssen trotz Erwerbsarbeit Arbeitslosengeld II beziehen. Achatz et al. (ebd., S. 67) konnten belegen, dass ihre Arbeitsmotivation hoch ist. Motivation allein reicht aber zumeist nicht aus, um eine gute Arbeitsstelle zu finden. Festzuhalten ist, dass dem ökonomischen und gesellschaftlichen Wert von Kindererziehung und Kinderbetreuung unzureichend Rechnung getragen wird. Wenn denjenigen, die Erziehungsarbeit leisten, der gleiche Status zugesprochen würde, der mit der Ausübung von Lohnarbeit verbunden ist, würde das für mehr soziale Gerechtigkeit wie auch zur gesellschaftlichen Aufwertung nicht Erwerbsarbeitender führen.

Kurzum gilt, dass viele Erwerbslose Arbeit haben. Deren Arbeit wird oft aber nicht als solche gewertet. Wer keiner Erwerbsarbeit nachgeht und ALG II bezieht, den gilt es aus Sicht des Jobcenters zu aktivieren und aktiv zu halten. Schließlich heißt das Gesetzt, das die Leistungen der ALG-II-Beziehenden regelt, *Grundsicherung für Arbeitsuchende* (SGB II). Wer Arbeitslosengeld II erhalten will, gilt per se als arbeitsuchend. Er soll schnellstmöglich den Lebensunterhalt durch Arbeit bestreiten. Doch selbst wenn Arbeit mit Erwerbsarbeit gleichgesetzt wird, ist zu bedenken, dass laut BA-Statistik im Jahr 2018 etwa 620.000 Menschen ALG II bezogen, obwohl sie einer Erwerbsarbeit nachgingen. Sie erhielten Leistungen, da ihr Arbeitseinkommen zur Sicherung des Lebensunterhaltes nicht ausreichte. Dabei sind das nur diejenigen, die mindestens 15 Stunden pro Woche arbeiten. Die tatsächliche Zahl der „Aufstocker" betrug 2018 ca. 1,1 Millionen.[4]

Aktivieren

Kaum ein Wort findet sich in Dokumenten und Konversationen im Jobcenter so häufig wie *Aktivieren*. Im 70-seitigen *Handbuch Neukundenprozess SGB II* (2010, S. 6), in dem das Wort „aktiv" 61 Mal vorkommt, heißt es etwa: „Es wird dringend empfohlen, Verfahrensregelungen zum Umgang mit Anträgen ohne Kundenvorsprache (telefonisch, postalisch, nach Aushändigung durch nicht zuständige Träger) zu treffen, damit auch diese Kunden schnellstmöglich aktiviert werden können." Im Dokument *Kommunale Jobcenter – Erfolgreich*

[4] *Aufstocker* steht in Anführungszeichen, da auch dieses Wort im Jobcenter konträr zum Alltagsverständnis gebraucht wird. Die meisten Menschen verstehen unter Aufstockern Personen, deren Erwerbseinkommen mit ALG II aufgestockt wird. Die Jobcenter verstehen unter Aufstockern aber Personen, die zusätzlich zum ALG I noch ALG II erhalten, weil das ALG I unter dem ALG II Regelsatz liegt.

für Langzeitarbeitslose des Deutschen Landkreistages (2016, S. 22) steht, dass es darum gehe, „den Mitarbeitern die Spielräume für individuelle Aktivierungsprozesse und Integrationsstrategien zu geben.“ Der primäre Grund für die Aktivierung ist in der Reform der Sozialpolitik zu sehen, für die sich in der wissenschaftlichen Debatte der Terminus *Activation Turn* durchgesetzt hat (vgl. Spannagel et al. 2017, S. 3). Ein zentrales Merkmal dieses *Turns* ist Spannagel et al. Zufolge „eine Verschiebung finanzieller Ressourcen von passiven zu aktiven Arbeitsmarktpolitiken. Im Zuge dieser Reformen wurden typischerweise Höhe und Bezugsdauer von Transferleistungen gekürzt, Bedingungen für den Zugang zu Transferleistungen verschärft, während Ausgaben für Qualifizierungs- und Weiterbildungsmaßnahmen erhöht wurden (Lefresne 1999, S. 470). Dieser Trend ist eine der Hauptentwicklungen jüngerer Sozialstaats- und Arbeitsmarktreformen und ist inzwischen ein gemeinsamer Bezugspunkt der Arbeitsmarkt- und Sozialpolitik in vielen europäischen Ländern (Eichhorst/Kaufmann/Konle-Seidl/Reinhard 2008, S. 2).“

Bender et al. (2009, S. 1) schreiben: „Ziel der Aktivierung von erwerbsfähigen Hilfebedürftigen ist die Aufnahme einer bedarfsdeckenden Beschäftigung. Das Sozialgesetzbuch II (SGB II) stellt dieses Ziel in den Mittelpunkt […].“ Aktivierung umfasse, so führen die Wissenschaftler aus, „alle Anstrengungen der Grundsicherungsstellen, die die Eigeninitiative und Eigenverantwortung der betreuten Personen stärken und damit deren Chancen auf die Aufnahme einer Beschäftigung erhöhen – und das bei jeder Arbeitsmarktlage.“ Es ist folgerichtig, dass man in der *Beratungskonzeption* der BA (2011, S. 19) liest: „Bei der Erörterung von Suchwegen und der Arbeitssuche wird die Bedeutung der Kundenaktivität als entscheidender Erfolgsfaktor bei der Stellenfindung unterstrichen.“ Die Beratungsfachkräfte im Jobcenter geben Aktivierungsgutscheine für Aktivierungsmaßnahmen aus, aktivieren durch die Ausgabe von Vermittlungsvorschlägen und appellieren an das Selbst-aktiv-Sein der „Kunden“. Es gibt Aktivierungshilfen für Jüngere ebenso wie das Netzwerk ABC, Werkakademien und sonstige Maßnahmen, in die das Jobcenter zu aktivierende Kunden zuweist.[5] Sie heißen z. B. Aktiv-Center, Job-Aktiv, Aktiv-Fit und Ähnliches.

---

[5] Die deutschlandweit in gemeinsamen Einrichtungen zu findenden Netzwerke für Aktivierung, Beratung und Chancen (ABC) gehen auf eine Initiative des BMAS zurück. Ihr Schwerpunkt liegt auf der Intensivierung der Netzwerkarbeit. Die Werkakademie geht zurück auf Dick Vink. Dessen Idee war die Stärkung eines gruppendynamischen

Es lässt sich mit Fug und Recht behaupten, dass im SGB II, welches die rechtliche Grundlage des Beratungs- und Vermittlungshandelns im Jobcenter bildet, ein Aktivierungsprimat existiert. Es verwundert kaum, dass die Aktivierungsquote im Jobcenter eine zentrale Kennzahl (nach § § 48a SGB II), an der sich der Erfolg der Jobcenter-Arbeit mit bemisst. Besagte Aktivierungsquote misst, so erklärt Hartmann (2013, S. 19) „den Grad der Aktivierung in Bezug auf die zu aktivierenden eLB zu einem bestimmten Zeitpunkt [...] Dies sind i. d. R. alle arbeitsuchen Gemeldeten." Die Aktivierungsquote dient, so heißt es auf der vom BMAS betriebenen *Servicestelle SGB II – Portal für die Jobcenter* der „Messung des Erhalts der Beschäftigungsfähigkeit der Langzeitleistungsbeziehenden (LZB) durch aktivierende Eingliederungsmaßnahmen. Zählt man die sich aus der BA-Statistik ergebenden Quoten der Jahre 2005 bis 2018 zusammen, liegt der Jahresmittelwert der Aktivierungsquote bei gut 21 %. 2008/2010 lag sie sogar bei knapp 26 %, was bedeutet, dass gut ¼ der eLB irgendwie aktiviert wurden.

Mit diesem Aktivierungsprimat steht das SGB II, so schildern es Reis & Siebenhaar (2015, S. 18), „in einem Diskurszusammenhang, der seit Beginn der 1990er Jahre in allen Staaten der OECD ‚passive' und ‚aktivierende' Leistungen unterscheidet und die Aktivierung von Arbeitslosen als anzustrebendes Leitbild staatlicher Sozialpolitik formuliert. ‚Aktivierung' sollte nach diesem Paradigma drei Ziele erreichen: – die Verfügbarkeit der (Langzeit-)Arbeitslosen für den Arbeitsmarkt sicherzustellen; – deren Eigenverantwortung zu stärken; – deren Beschäftigungsfähigkeit zu erhöhen. Beim Instrumenteneinsatz soll ein Mischungsverhältnis zwischen sanktionsorientierter (‚Fordern') und unterstützungsorientierter (‚Fördern') Ausrichtung realisiert werden." Auf die dem Aktivierungsprimat zugrunde liegende Theorie gehen Hielscher & Ochs (2011, S. 12 f.) ein, die darlegen, dass die „Hartz-Gesetzgebung" durch das „neoklassische Paradigma der Arbeitsmarktökonomie geprägt" gewesen sei. Die Arbeitslosigkeit wird primär als Resultat eines Angebotsüberhangs am Arbeitsmarkt verstanden, für den ein zu hohes Lohnniveau verantwortlich sei. „Die ‚aktivierende' Arbeitsmarktpolitik unterstellt, dass eine Arbeitsnachfrage

---

Prozesses dadurch, dass Arbeitslose in Kleingruppen täglich mehrere Stunden intensiv nach Jobs suchen und sich gegenseitig unterstützen, anspornen sowie austauschen. Es existieren im gesamten Bundesgebiet heute ca. 150 Werkakademien. Viele davon sind direkt in den Räumen des Jobcenters angesiedelt.

prinzipiell immer vorhanden sei […]. Die Arbeitskräfte müssten durch Verhaltensänderungen dazu gebracht werden, die vorhandenen Arbeitsplätze anzunehmen […].“ Die Grundsicherung für Arbeitsuchende soll, so heißt es im zweiten Satz des § 1 Abs. SGB II, die „Eigenverantwortung“ der erwerbsfähigen Hilfebedürftigen stärken. Mit dem SGB II sollte, so Promberger (2009, S. 607) „der Übergang vom versorgenden (Hradil 2006) oder fürsorgenden zum aktivierenden Sozialstaat (Dingeldey 2006) angetreten werden“.

Dass dies tatsächlich erfolgt ist, kann der Autor dieses Textes aufgrund eigener Erfahrungen bezeugen, die er in drei Jobcentern machten, in denen er 5 ½ Jahre lang als Arbeitsvermittler tätig war. Wenige Wochen, nachdem er 2012 im Jobcenter zu arbeiten begonnen hatte, führte er ein Gespräch mit seiner Teamleiterin. Ausdrücke, die in diesem Gespräch mehrmals fielen, waren „aktiv werden“, „aktivieren“, „aktiv halten“ und „Aktivitäten veranlassen.“ Es wurde dargelegt, dass die Grundsätze der Grundsicherungsarbeit, Fordern (§ 2 SGB II) und Fördern (§ 14 SGB II) wenig Passivität zuließen. Die Aufgabe des als Integrationsfachkraft eingestellten Autors sei es, so wurde erklärt, „die Kunden zu aktivieren und aktiv hinterher zu sein, ob die sich bewerben und ihrer Mitwirkungspflicht nachkommen.“ Sie wünsche sich, so sagte die Teamleiterin, „bitte keinen Stillstand.“ Die Geschäftsführung des Jobcenters erwarte, „dass die Leute in Bewegung bleiben“, dass sie sich „nicht im Bezug einrichten.“ Die „Kunden“ müssten begreifen, so wurde erläutert, dass die Grundsicherung eigentlich nur eine Übergangslösung sei, dass das aber nicht alle Kunden so sehen. Kurzum wurden in diesem Gespräch die Grundzüge des Aktivierungsprimats seitens der Teamleitung treffend dargelegt.

Die Intention der Arbeitsmarktreform war es u. a., Arbeitslose durch mehr Druck (Fordern via Androhung von Leistungskürzungen) dazu zu bewegen, auch schlecht bezahlte Jobs anzunehmen. Deutlich wird das in einer Rede, die der ehemalige Bundeskanzler Gerhard Schröder am 28.01.2005 beim *World Economic Forum* in Davos hielt. Er sagte: „Wir haben einen der besten Niedriglohnsektoren aufgebaut, den es in Europa gibt. […] Wir haben einen funktionierenden Niedriglohnsektor aufgebaut, und wir haben bei der Unterstützungszahlung Anreize dafür, Arbeit aufzunehmen, sehr stark in den Vordergrund gestellt. […] Dieses System zwischen Fördern der Qualifikation und Fordern der Leistung von denen, die leistungsfähig sind, wird nach einer Übergangszeit auch zu einer Reduzierung der Arbeitslosigkeit in Deutschland führen.“ Rechtlich verankert ist das Aktivierungsprimat in § 2 SGB II, dem Grundsatz des *Forderns*. Dort heißt es: „Erwerbsfähige Leistungsberechtigte und die mit ihnen in einer Bedarfsgemeinschaft lebenden Personen müssen alle Möglichkeiten zur Beendigung oder Verringerung ihrer Hilfebedürftigkeit ausschöpfen.“ Ein geflügeltes Wort ist im Jobcenter, dass das Fordern vor dem Fördern komme, das in § 14 SGB II, dem Grundsatz des *Förderns*, festgehalten ist. Damit, dass der Forder-Paragraf vor dem Förder-Paragrafen steht, legitimieren Führungskräfte im Jobcenter mitunter, das Fordern gegenüber dem Fördern zu priorisieren, obgleich der Gesetzgeber einen Ausgleich beider Handlungsmodi verlangt.

Baethge-Kinsky et al. (2007, S. 73) erklären Bezug nehmend auf das Aktivierungsprimat: „Im Gespräch sitzen sich ‚Aktivierer‘ und ‚Aktivierte‘ gegenüber. Ein Grundproblem der beobachteten Leistungsprozesse im Kontext des SGB II wird daran erkennbar: Die weitreichenden Kompetenzen und Ermessensspielräume, die das Gesetz den Fachkräften zuweist, begründen eine hierarchische Beziehung, die dem Alltagsverständnis von den förderlichen Bedingungen für eine Beratung zuwiderläuft [...].“ Freier (2016, S. 219) legt dar, dass Maßnahmen sozialer Aktivierung auch „als ganzheitlicheres Instrument dienen, um die von Lessenich konstatierte sozialstaatliche Aufgabe zur ‚marktgerechten Selbsterziehung der Leute und damit zur sozialen Praxis des alltäglich-subjektiven doing capitalism‘ (Lessenich 2012 b: 61) bei arbeitsmarktfernen Personen anzuwenden.“ Die Arbeitslosen müssen im Jobcenter ihr Bemühen um Arbeit sehr aktiv nachweisen (vgl. Kratz 2013, S. 18 ff.). Ames (2009, S. 10 f.) beschreibt es:

„Der aktivierende Staat überwacht intensiv die Arbeitssuchaktivitäten der Erwerbslosen und ihre Anpassungsbereitschaft an die Marktbedingungen. Überdies will der aktivierende Staat aktiv dafür sorgen, dass diejenigen Erwerbslosen, die trotz aller anpassungsbereiten Aktivitäten keine Erwerbsarbeit bekommen, zumindest ihre Erwerbsorientierung und ihre Beschäftigungsfähigkeit nicht verlieren oder - falls dies schon geschehen ist - wiedererlangen. Dem dient die Zuweisung der Erwerbslosen zu Trainingsmaßnahmen und Arbeitsgelegenheiten, die keine Erwerbstätigkeiten sind. [...] Die Rolle des Staates in aktivierender Arbeitsmarktpolitik ist also - jedenfalls im Verhältnis zu den Adressaten der Aktivierung - keine reduzierte, sondern eher eine aktivere, nämlich eine erzieherische." Auf die erzieherische Funktion geht auch Behrend (2008a, S. 21) ein. Er betont, dass Aktivieren „auf die Einstellungen und Haltungen [abziele]. Arbeitslose, die [...] den Zwang zum ökonomischen Abstieg hinnehmen, können - je nach Arbeitsmarktlage - von der Aktivierung zur Eigenaktivität durchaus profitieren: Sie werden bei der ‚normativ richtigen' Arbeitssuche unterstützt. Anders jene arbeitslosen Bürger, die an ihrer Berufsbiographie festhalten wollen oder die beschriebene Form der Übergriffigkeit registrieren und diese - kaum strategisch denkend - skandalisierend zum Gegenstand ihrer Gespräche machen. Sie laufen Gefahr, in das Visier der Arbeitsvermittler [...] zu geraten."

Die Fokussierung der Haltung beschreibend, erklärt Butterwegge (2017, S. 187), dass statt Bedürftigkeit im aktivierenden Sozialstaat „erst die (Bereitschaft zur) Gegenleistung eines Antragstellers die staatliche Leistungspflicht aus[löst]. Damit hören Hilfebedürftige auf, Wohlfahrtsstaatsbürger/innen mit sozialen Rechtsansprüchen zu sein, und werden zu Objekten der von ihrem Entgegenkommen fordernden und sie nur dann ggf. fördernden Verwaltung herabgewürdigt." Die aktiven bzw. intensiv zu aktivierenden Arbeitslosen sollen ein „unternehmerisches Selbst" (Bröckling 2007) ausbilden. Sie sollen sich selbst aktiv halten, das Dogma des Aktiv-Seins internalisieren und - wie Hartz & Petzold (2014, S. 41 ff.) das ausdrücken - zu „Minipreneuren" werden (siehe auch Spannagel et al. 2017, S. 3 und Behrend & Ludwig-Mayerhofer 2008). Wie die Arbeitsvermittler im Jobcenter diese Grundzüge bereits wenige Jahre nach der Einführung des SGB II verinnerlicht haben, schildert Behrend (2008, S. 19), der die Funktion der Aktivierung als Form sozialer Kontrolle benennt:

„Im Kontext des gesetzlichen Ziels Aktivierung bekommen die Gespräche eine latente aber doch deutlich rekonstruierbare Funktion: Die Arbeitsvermittler erarbeiten in den Gesprächen nach und nach eine rationale, teilweise empathische, meist pädagogisch inspirierte Kooperation mit den ‚Kunden', die dazu dient, Arbeit, ein objektives gesellschaftliches Verhältnis, primär zu subjektiveren (was die Verantwortung für die Arbeitslosigkeit einschließt), den ‚Kunden' zur Übernahme dieser Verantwortung und zu entsprechenden Gegenmaßnahmen zu aktivieren und daraufhin weitreichende Veränderungen der Leben der ‚Kunden', möglichst im Konsens mit ihnen, durchzusetzen." Dass das Wort Aktivieren in diesem Aufsatz als eines benannt ist, welches dem Alltagsverständnis von Aktivieren zuwiderläuft, liegt daran, dass man gemeinhin

Aktivierungsbedarf nur dann unterstellt, wenn evident ist, dass ein Mangel an Aktivität vorliegt. Im SGB II ist das allerdings anders. Hier wird grundsätzlich bei jeder Person, die Leistungen nach dem SGB II erhält, Aktivierungsbedarf unterstellt. Der Fokus wird im Jobcenter allein auf das unterbeschäftigte Individuum gerichtet, das, so die Suggestion, offenbar nicht aktiv genug ist. Der Grund für Arbeitslosigkeit ist dieser Logik nach mangelnde Such-Aktivität.

Nun ist grundsätzlich nichts dagegen einzuwenden, Menschen, die von staatlichen Transferleistungen leben, zu fordern, aktiv zu sein und sich um Arbeitsaufnahme zu bemühen. Dies ist eine Frage der Gerechtigkeit. Hochproblematisch erscheint aber, dass das Aktivierungsprimat nicht zwischen aktivierungsbedürftigen und bereits selbst aktiven Menschen, die das Gros der ALG-II-Beziehenden bilden, unterscheidet. Mit der Aktivierung einhergeht die Implikation, dass Menschen, die Arbeitslosengeld II beziehen, per se passiv, mithin also aktivierungsbedürftig, seien. Daraus, dass Arbeitslosigkeit besteht, wird auf eine subjektive Verfehlung desjenigen geschlossen, der keine Arbeit hat. Die gelegentlich nur latent mitschwingende, oftmals aber direkt kommunizierte Botschaft lautet: Wenn du aktiver wärest, wärest du nicht arbeitslos. Du bist schuld, du musst etwas ändern, du musst mehr leisten. Arbeitslosigkeit wird subjektiviert. Es wird institutionell angenommen, dass ALG-II-Beziehende aus sich selbst heraus keinen Antrieb hätten, etwas an ihrer Situation zu ändern. Es wird impliziert, dass es eines extrinsischen Drucks durch die Integrationsfachkräfte bedürfe, Menschen dahingehend zu motivieren, sich zu bewerben bzw. anzustreben, ihre ggfs. vorhandene Tätigkeit auszuweiten, um so den ALG II Leistungsbezug zu reduzieren oder idealerweise zu überwinden.

Diese Subjektivierung von Schuld ist insofern fraglich, als Studien nahelegen, dass das Gros der ALG II Beziehenden nicht passiv ist, wie Freier (2016, S. 63) es beschreibt: „Dieser Sicht auf die Leistungsbeziehenden widersprechen [...] Studien, die aufgezeigt haben, dass SGB-II-Leistungsbeziehende überwiegend die gesellschaftlich-zentrale Bedeutung von Erwerb akzeptieren und selbst keinen rein instrumentellen Bezug zur Erwerbstätigkeit haben (Ludwig-Mayerhofer/Behrend/Sondermann 2009: 107). Ferner ist ein Großteil der Leistungsbeziehenden auch ohne äußere Motivation oder Disziplinierung eigeninitiativ, um eine Anstellung zu erlangen (Dörre et al. 2013, Grimm et al. 2013, Bescherer/Röbenack/Schierhorn 2008, Baethge-Kinsky et al. 2007).“ Abgesehen davon ist das Aktivierungsprimat auch insofern zu kritisieren, als es makroökonomische und politische Faktoren, die neben individuellen (Nicht-)Handeln ebenfalls einen Einfluss auf die Chance zur Aufnahme einer Erwerbsarbeit haben, ausgeblendet. Wenn das getan wird, stellt sich allerdings die Frage, warum es überhaupt einer Arbeitsmarktpolitik bedarf, wenn doch allein mangelnde Suchaktivität und vermeintlich unzureichende Konzessionsbereitschaft aufseiten der Arbeitslosen liegt, dass diese keinen Arbeitsplatz finden.

Es zeugt mitunter von einem fragwürdigen Menschenbild, wenn Personen, die - oft trotz großer Bemühungen - keine Arbeit finden, durch die Unterstellung, dass sie nicht aktiv seien und konkludent aktiviert werden müssten, intrinsische Arbeitsmotivation abgesprochen wird. Mehr noch: Es kann einen gegenteiligen Effekt als den Gewünschten haben. Die Aktivierung wird dann nicht als Hilfe erlebt, sondern als schikanös und aktionistisch, wie „Kunden" immer wieder berichten (vgl. dazu Ames 2009). „Aktivität ist immer gut, wenn sie nicht wahllos passiert" – so lautet ein Ausspruch Ulrich Wiegand-Lasters. Im Jobcenter indes erfolgt Aktivierung nicht selten selbstbezüglich: Aktivierung der Aktivierung halber. Zynisch erscheint es dabei, dass die Aktivierung durch Worte wie *anbieten*, *einladen* und *vorschlagen* kaschiert wird. Dies Ausdrücke wecken den Anschein von Optionalität, die es in Wirklichkeit aber kaum gibt. Die Bedeutung auch dieser Begrifflichkeit zu betrachten, lohnt sich daher.

Anbieten, einladen, vorschlagen

Das Jobcenter ist eine staatliche Institution reziproker Austauschbeziehungen von Mitarbeitenden, die Geld und Beratung bieten sowie von Menschen, welche dieses empfangen, wofür von ihnen wiederum eine Gegenleistung, zumeist in Form aktiver Arbeitsplatzsuche, erwartet wird. Es ist ein Geben und Nehmen, das Ausdruck findet im Grundsatz des Forderns und Förderns. Der Staat gewährt Hilfe und erwartet dafür eine Gegenleistung. Soweit ist das nichts Besonderes, nur mehr ein Kennzeichen für den Umbau des Sozialstaats von *Wellfare-* zum *Workfare-State*, der sich in den letzten 20 Jahren in Deutschland vollzogen hat (siehe Spannagel et al. 2017, Mohr 2012, Brütt 2011 sowie Dingeldey 2007). Bemerkenswert ist, dass die Gegenleistungsforderung durch zwei Besonderheiten kaschiert wird. Zum einen dadurch, dass die Menschen, die im Jobcenter Geld sowie Beratung empfangen, als „Kunden" bezeichnet werden. Dem Kundenstatus zu eigen ist üblicherweise jedoch, dass Kunden sich entscheiden können, eine ihnen angebotene Dienstleistung abzulehnen. „Kunden“ des Jobcenters können das allerdings nur bedingt, zumal sie sonst mit einer Geldkürzung zu rechnen haben. Job-Angebote, Einladungen und Zuweisungen zu Maßnahmen ergehen seitens des Jobcenters standardmäßig mit Rechtsfolgenbelehrung. Auf fast jedem solchen Schreiben steht ein Satz wie „Bitte beachten Sie die nachfolgende Rechtsfolgenbelehrung.“ In diesen Belehrungen bzw. „Bitten“ um Beachtung werden die „Kunden“ darüber aufgeklärt, dass ihr Arbeitslosengeld II gekürzt wird, wenn sie sich auf eine angebotene Arbeitsstelle nicht bewerben, an einem angebotenen Coaching nicht teilnehmen oder zu einem angebotenen Gesprächstermin nicht erscheinen. Die Belehrung darüber erfolgt allerdings in einer bürokratischen, mit Paragrafen versetzten Verwaltungssprache. Das hat zur Folge, dass vor allem jene Menschen, die kaum Deutsch sprechen und lesen können, oft gar nicht verstehen, was von ihnen verlangt wird, sofern es nicht von der Integrationsfachkraft in einfacher Sprache plausibilisiert wird. Menschen, die die Verwaltungssprache nicht dechiffrieren können, werden institutionell systematisch benachteiligt.

Das zeigen die persönlichen Erfahrungen des Autors, der von vielen „Kunden“ in seiner Arbeit im Jobcenter häufig gebeten wurde, Schreiben des Jobcenters für sie so zu „übersetzen“, dass sie diese nachvollziehen und nicht nur lautsprachlich, sondern inhaltlich, verstehen können. Ferner belegen auch Forschungsberichte die Benachteiligung ausländischer, des Deutschen kaum mächtiger und geringqualifizierter Menschen im Jobcenter. Gerade gering qualifizierte Menschen sind doppelt benachteiligt. Zum einen sind sie oft nicht darüber informiert, dass sie gegenüber Entscheidungen und Aufforderungen des Jobcenters, die sie als unzutreffend empfinden, in Widerspruch gehen können. Ferner werden sie unabhängig von ihrer Konzessionsbereitschaft und Motivation auch häufiger sanktioniert als besser Qualifizierte. Bezugnehmend auf IAB-Untersuchungen erklären Moczall et al. (2017, S. 6), es gäbe „Hinweise, dass gering Qualifizierte in verschiedenen Stadien des Sanktionsprozesses im Vergleich zu besser Qualifizierten im Nachteil sind. Dies beginnt schon mit dem schwierigen Verständnis komplexer rechtlicher Regeln und Anforderungen. Zudem scheinen sie eher weniger gut in der Lage zu sein, sanktionsfähige Situationen erst gar nicht entstehen zu lassen. Auch kann es für sie schwerer sein, etwaiges ‚Fehlverhalten‘ nachträglich überzeugend mündlich und/oder schriftlich zu begründen. Schließlich ist die Möglichkeit, Rechtsmittel gegen eine Sanktion einzureichen, nicht immer bekannt." Die Verwaltungssprache des Jobcenters trägt einen großen Teil zu diesem Nicht-bekannt-Sein bei, weil sie dem Alltagsverständnis zuwiderläuft, da diverse Begrifflichkeiten im Jobcenter anderes bedeuten als in anderen gesellschaft-lichen Kontexten.

Der Ausdruck *Angebot* ist das beste Beispiel dafür. Wer davon spricht, etwas anzubieten, impliziert Freiwilligkeit in Bezug auf die Angebotsannahme, die nicht gegeben ist, sofern keine finanziellen Reserven aufseiten der Kundschaft vorhanden sind. Faktisch sind fast alle Angebote des Jobcenters Verpflichtungen. Theoretisch haben die „Kunden" zwar die Möglichkeit, die Angebote auszuschlagen (was in der Regel zu einer Geldkürzung führt), nur ist dies den meisten faktisch dadurch verunmöglicht, dass sie auf das Arbeitslosengeld II angewiesen sind. Das Gros der ALG-II-Beziehenden kann es sich kaum leisten, „Nein" zu sagen. Den Mitarbeitenden des Jobcenters ist das bewusst. Gleichwohl heißt es in deren Schreiben, in denen die Kunden z. B. zur Teilnahme an einer Aktivierungsmaßnahme nach Maßgabe des 45 SGB II i. V. m. § 45 SGB III verpflichtet werden: „Ich freue mich, Ihnen die folgende Maßnahme anbieten zu können." Das verwundert kaum, denn es ist die Vorformulierung, die sich in den Zuweisungsvorlagen der BA findet, auf welche die Mitarbeitenden bei der Erstellung eines Angebotes zurückgreifen. Dabei ist hervorzuheben, dass die Mitarbeitenden im Jobcenter durchaus die Möglichkeit haben, Schriftstücke ohne Rechtsfolgenbelehrung zu versenden. Es gibt keinen rechtlichen Zwang, Schreiben damit zu versehen.

Dass es dennoch flächendeckend geschieht, liegt zum einen daran, dass Vorgesetzte von ihren Mitarbeitenden erwarten, dass Schreiben mit Rechtsfolgenbelehrungen versehen werden, weil sonst in aller Regel keine Sanktionen beim Nicht-Folge-Leisten eines Angebotes ausgesprochen werden können. Es existiert allerdings eine Ausnahme durch eine Formulierung in Abs. 1 § 31 SGB II, worin es heißt, dass bereits die Kenntnis der Rechtsfolgen der ALG II Leistungen empfangenden Person ausreiche, um eine Sanktion beim Nicht-Folgeleisten eines Angebotes ohne wichtigen Grund aussprechen zu können. Davon, dass Kunden eine Kenntnis von den Rechtsfolgen ihres (Nicht-)Handelns haben, kann ausgegangen werden, wenn sie aufgrund eines (Nicht-)Handeln bereits sanktioniert wurden und somit wissen, dass diese Konsequenz erfolgt, wenn sie dem Wunsch des Jobcenters nicht entsprechen, ein ihnen via Angebot nahegelegtes Handeln zu vollziehen. Des Weiteren ist es so, dass das Gros der

Mitarbeitenden im Jobcenter von der Richtigkeit dessen überzeugt ist, dass es der Möglichkeit einer Sanktionierung im Falle dessen bedarf, dass Kunden angebotene Arbeitsstellen oder Vermittlungstrainings ablehnen. Das ist auch der Tenor dessen, was das Bundesverfassungsgericht am 05.11.2019 im Hinblick auf die Frage nach der Verfassungsmäßigkeit von Sanktionen entschieden hat (siehe BVerfG 2019 und Sell 2019).

Fragwürdig erscheint aber nicht nur die Verwendung des Ausdrucks *Anbieten*, sondern auch die Bezeichnung von Schreiben, in denen „Kunden" aufgefordert werden, das Jobcenter aufzusuchen, als *Einladung*. Wer eingeladen wird, kann gemeinhin die Einladung ausschlagen. Wer das im Jobcenter tut, ohne einen Grund anzugeben, der von der zuständigen Fachkraft als wichtig anerkannt wird, dem wird das ALG II für drei Monate um 10 % des maßgeblichen Regelsatzes gekürzt. Faktisch sind Einladungen des Jobcenters Aufforderungen zum Erscheinen, sprich: Vorladungen. Denn auch diese sind mit einer Rechtsfolgenbelehrung versehen. Ähnlich verhält es sich mit dem *Vermittlungsvorschlag*. Vermittlungsvorschläge sind Schreiben, in denen ALG-II-Empfangende aufgefordert werden, sich bei einer bestimmten Arbeitsstelle zu bewerben und binnen drei Tagen eine Rückmeldung über die Bewerbung im Jobcenter zu geben. Vorschläge kann man ablehnen. Für ALG-II-Beziehende gilt das nicht, sofern kein als wichtig anerkannter Grund für die Nicht-Bewerbung vorliegt. Ein zu geringes Gehalt, eine zu unsichere Beschäftigung, eine zu harte Arbeit, eine unpassende Aufgabenbeschreibung, eine zu lange Wegstrecke gelten in den meisten Fällen nicht als wichtig, weil Empfängern von ALG II nach § 10 SGB II grundsätzlich fast jede legale Arbeit zumutbar ist.[6]

Bezeichnend ist, dass die Erfolgsquote von Vermittlungsvorschlägen laut BA-interner Datenerhebungen schon seit Jahren kaum mehr als 2 % beträgt. Der Vorsitzende des BA-Personalrates, Eberhard Einsiedler (2012, S. 12), sprach schon vor 7 Jahren davon, dass, obwohl sich die Menge an Vermittlungsvorschläge in Zeitarbeit von 2007 bis 2011 mit einem Anstieg um 276 % mehr als

---

[6] Es gibt allerdings einige Ausnahmetatbestände. Wenn nachgewiesen wird, dass man körperlich, geistig oder seelisch nicht in der Lage ist, einen bestimmten Job auszuüben, oder wenn der zugewiesene Job die Wiederaufnahme des eigentlichen Lehrberufes verunmöglichen würde, kann ein Job sanktionslos abgelehnt werden. Die Zumutbarkeit wird seitens der Jobcenter allerdings sehr rigide ausgelegt.

verdreifacht hat, der Anteil erfolgreicher Vermittlungsvorschlägen mit 2,1 % (bei knapp 19 Millionen) allerdings weiterhin auf sehr niedrigem Niveau verweile. Es zeigt sich also, dass das viele Aktivieren durch das Versenden von Job-Angeboten fast nie zu einem Erfolg (im Sinne einer Arbeitsaufnahme) führt. Dass dennoch an der Aktivierungsdogmatik festgehalten wird, wirft ein bezeichnendes Licht auf die Arbeits(losen)verwaltung.[7] Bedenklich ist, dass „Angebote“ nicht nur für solche Bewerbungstrainings/Coachings ergehen, die darauf angelegt sind, die Arbeitsaufnahme zu befördern. Sie ergehen auch für sogenannte psychosoziale Hilfen, die den privaten Lebensbereich der ALG-II-Beziehenden tangieren, wo Hemmnisse wie psychosoziale Probleme oder auch Suchtmittelabhängigkeiten aufgearbeitet werden sollen. Dies ist insofern kritikwürdig, als es einer Übergriffigkeit gleichkommen kann, wenn mit Sanktionsmacht ausgestattete Beratende mit ihren Anweisungen (Motto: „Gehen Sie mal dahin“) weit in den privaten Lebensbereich der „Kundschaft“ eindringen und sie mittels einer rechtsfolgenbeschwerten „Einladung“ dazu zwingen, an ihren Hemmnissen zu arbeiten.

Sicher ließe sich argumentieren, dass solche Hemmnisse aufgearbeitet werden müssten, wenn die Arbeitslosigkeit überwunden werden soll. Dennoch ist es ein Eingriff in die Selbstbestimmung und eine Autonomieverletzung, wenn das Finden eines Therapieplatzes, die Schuldenregulierung, die Anmeldung des Kindes im Kindergarten, die Aufnahme eines Gesundheitscoachings usw. einem „Kunden“ seitens des Jobcenters aufoktroyiert werden. Das jedenfalls ist die Wahrnehmung nicht weniger „Kunden“. Aufgrund dessen, dass es Assoziationen wie im Film *Der Pate* weckt, von Angeboten zu sprechen, die man nicht ablehnen kann, machte der Autor dieses Textes seinen Vorgesetzen den Vorschlag, die Standard-Formulierung in Einladungsschreiben, Vermittlungsvorschlägen sowie Maßnahme-Angebotsschreiben zu ändern. Es sollte, so der Vorschlag, fortan von Bewerbungsaufforderungen statt von Vermittlungsvorschlägen gesprochen werden. Einladungen sollten Aufforderung zum Erscheinen heißen und Angebote sollten Zuweisungen heißen. Dies wurde allerdings

---

[7] Dazu sei angemerkt, dass das viele Versenden von Vermittlungsvorschlägen (VV) insofern allerdings ein „Erfolg“ ist, weil die Anzahl an versandten VV eine Controlling-Zahl ist, die nachgehalten und anhand derer die Arbeit der Mitarbeitenden im Jobcenter bewertet wird. Es ist daher nachvollziehbar, dass die Mitarbeitenden viele VV versenden, zumal nur die Quantität, nicht aber die Qualität, eine relevante Controlling-Zahl im Jobcenter ist.

BA-seitig abgelehnt mit der Begründung, dass es ein Ausdruck hoher Serviceorientierung sei, von Angeboten zu sprechen. Der Autor empfindet das nicht so. Serviceorientiert wäre es, Worten jene Bedeutung zukommen zu lassen, die sie im Alltagsverständnis der meisten Menschen haben. Serviceorientiert ist es, verständlich zu reden und zu schreiben. Einen optionalen Service zu suggerieren, der faktisch eine Schimäre ist, ist *nicht* serviceorientiert.

Eingliederungsvereinbarung

Dass die Eingliederungsvereinbarung (EinV) ein zentrales Element in der Interaktion von „Kunden“ und Integrationsfachkräften darstellt, ergibt sich aus Absatz 1 des § 15 SGB II. Darin heißt es, dass „unverzüglich zusammen mit jeder erwerbsfähigen leistungsberechtigten Person die für die Eingliederung erforderlichen persönlichen Merkmale, berufliche Fähigkeiten und die Eignung fest[zu]stellen“ sei. Die Ergebnisse dieser Feststellung fließen dann, so legt Absatz 2 des § 15 SGB II fest, in die Eingliederungsvereinbarung ein, die „mit jeder erwerbsfähigen leistungsberechtigten Person unter Berücksichtigung der Feststellungen nach Absatz 1“ zu schließen ist. Inhaltliche Bestandteile der EinV sind, „welche Leistungen zur Eingliederung in Ausbildung oder Arbeit nach diesem Abschnitt die leistungsberechtigte Person erhält,“ welche „Bemühungen erwerbsfähige Leistungsberechtigte in welcher Häufigkeit zur Eingliederung in Arbeit mindestens unternehmen sollen und in welcher Form diese Bemühungen nachzuweisen sind“ sowie „wie Leistungen anderer Leistungsträger in den Eingliederungsprozess einbezogen werden.“

Auch kann die EinV „bestimmen, in welche Tätigkeiten oder Tätigkeitsbereiche die leistungsberechtigte Person vermittelt werden soll.“ Da die EinV nach Absatz 3 des § 15 SGB II spätestens „nach Ablauf von sechs Monaten, gemeinsam überprüft und fortgeschrieben werden“ soll, müssen regelmäßig Gespräche zwischen Integrationsfachkräften und „Kunden“ stattfinden, in denen eruiert wird, inwieweit ein Änderungsbedarf der EinV besteht. Mit dem Abschluss der EinV verfolgt der Gesetzgeber drei Ziele. Erstens soll durch die EinV Verbindlichkeit aufseiten des „Kunden“ erzeugt werden. Das Leisten einer Unterschrift unter einen öffentlich-rechtlichen Vertrag soll bewirken, dass der „Kunde“ die EinV ernst nimmt und bestrebt ist, das zu erbringen, was als Forder-Leistung schriftlich festgehalten ist. Zweitens soll auch das Jobcenter durch die EinV in die Pflicht genommen werden, Förder-Leistungen klar zu benennen und sich vertraglich zu verpflichten, diese zu erbringen. Dem „Kunden“ eröffnet sich durch die EinV somit ein einklagbarer Rechtsanspruch auf die darin schriftlich zugesicherten Förder-Leistungen. Drittens dient das Vertragswerk dazu, „Kunden“ beim Nicht-Erfüllen dessen, was als Forder-Leistung in der EinV festgehalten ist, sanktionieren zu können, also ihre ALG-II-Leistung kürzen zu können, um somit einen pekuniären Anreiz zu setzen, sich wieder vertragskonform zu verhalten.

Bei „Kunden“, die aktiv mitarbeiten (und das sind über 95 % der Langzeitarbeitslosen), sind Sanktionen aber nie ein Thema. Die Erfahrung des Autors, der in seiner Zeit im Jobcenter Hunderte EinV mit „Kunden“ abschloss, ist, dass der Abschluss einer EinV in manchen Fällen absolut sinnvoll ist (weil es psychologisch verbindlich wirkt), der Abschluss-Zwang in anderen Fällen allerdings gar schädlich sein kann. Letzteres rührt daher, dass es die intrinsische Motivation einer „Kundin“, die bereits aus ihrem eigenen Antrieb heraus aktiv ist, zunichtemachen kann. Eine „Kundin“ wird via EinV mit Rechtsfolgenbelehrung davon in Kenntnis gesetzt, was ihr alles droht, wenn sie gegen die EinV verstößt. Interessanterweise droht eine Konsequenz bei Nicht-Einhaltung der EinV nur der „Kundin“, nicht jedoch dem Berater. Auch diesbezüglich besteht also ein Missverhältnis, welches die ungleiche Augenhöhe von Integrationsfachkräften und ihren „Kundinnen“ offenbart.

Der Zwang, regelmäßig die EinV fortschreiben zu müssen, kann die Gesprächsatmosphäre regelrecht vergiften, da durch die Rechtsfolgenbelehrung, die der Berater zu leisten hat, der Fokus auf etwas Negatives, nämlich auf potenzielles Strafen, gelenkt wird. Ferner ist es so, dass der Zwang zum Abschluss einer EinV die vom Gesetzgeber beabsichtigte Wirkung, hohe Verbindlichkeit des Besprochenen sicherzustellen, oft eher unterminiert. Der Zwang zum Abschluss setzt die Integrationsfachkraft unter Druck. Sie muss die EinV in der Regel schnell anpassen, während der „Kunde“ noch vor ihr sitzt. Das führt oft zu Flüchtigkeitsfehlern sowie dazu, dass Formulierungen in der EinV regelmäßig keine Verbindlichkeit erzeugen, weil sie zu viel Raum für Interpretationen lassen. Es mangelt den Formulierungen viel zu oft an für die „Kunden“ klaren, unmissverständlichen, *smarten* Kriterien. Das Apronym *smart* steht für spezifisch, messbar, attraktiv, realistisch, terminiert. In einer Schulung zur Gestaltung von EinV im Jahr 2012 lernte der Autor, dass Ziele/Zwischenschritte in einer EinV unter Anwendung dieser Faktoren festzuhalten seien. Die Realität ist aber oft eine andere. Die EinV soll nach dem Willen des Gesetzgebers kein starres Konstrukt sein, sondern inhaltlich flexibel dergestalt gehandhabt werden, dass schnell und adäquat auf Veränderungen in den Lebensumständen der „Kunden“ reagiert werden kann. Die EinV soll das Resultat eines Austauschprozesses des persönlichen Ansprechpartners (pAp) und des „Kunden“ sein, die sich darauf verständigen, was von dem einen („Kunden“) gefordert und vom anderen (pAp) geboten wird. So jedenfalls die Theorie. Praktisch ist die EinV kaum je das Resultat eines reziproken Austausches. Eine echte Verhandlung über den EinV-Inhalt findet kaum je statt. In der Regel bestimmt der pAp, was in die EinV aufgenommen wird. Auch ist die EinV in den meisten Fällen bereits vorbereitet, bevor der „Kunde“ überhaupt zum Termin erscheint. Die EinV besteht überdies zumeist nur aus bereits seitens der EDV vorgefertigten Textbausteinen, die je nach Fall geringfügig abgeändert werden. Dass eine EinV das Resultat einer echten Aushandlung ist, bei dem die Jobcenter-Beraterin sich von Argumenten eines „Kunden“ überzeugen lässt, ist selten.

Weigert der „Kunde“ sich, die EinV zu unterschreiben, kann der pAp diese einseitig als Verwaltungsakt erlassen. Der „Kunde“ ist dann daran gebunden, obgleich er der „Vereinbarung“ nicht zugestimmt hat. Trotz dessen, dass es sich damit evident nicht um eine Vereinbarung handelt, heißt auch eine als Verwaltungsakt erlassene Eingliederungsvereinbarung weiterhin Eingliederungsvereinbarung per Verwaltungsakt. Die Bezeichnung *Eingliederungsverwaltungsakt* wäre treffender. Im Ergebnis zeigt sich am Beispiel der EinV, dass es im Jobcenter keine Ko-Steuerung des Integrationsprozesses gibt. Die Integrationsfachkräfte steuern die „Kunden“. Es verwundert daher nicht, dass weder der Ausdruck Ko-Steuerung, noch der Ausdruck Ko-Konstruktion in der 378-Seiten umfassenden *Beratungskonzeption - Methoden und Techniken* (2014) der BA zu finden sind. Im 202-seitigen Text *Beratung in der Grundsicherung für Arbeitsuchende. Integrationsbegleitende Beratung – IBB SGB II* ist von beidem ebenfalls nichts zu lesen. Bezeichnend ist zudem, dass einerseits einer Aktivierungsdynamik das Wort geredet wird, die mittels EinV-Abschluss kodifiziert wird, dass die „Kunden“ aber institutionell nur in einer passiven Rolle vorkommen. Sie gelten ja gerade *nicht* als aktive Subjekte, sondern a priori erst einmal unabhängig von ihrer realen Aktivität per se als zu Aktivierende. Der aktive Part, sich selbst zu aktivieren, wird ihnen konzeptionell nicht zugetraut, ja regelrecht abgesprochen.

Menschen, die Geldleistungen des Jobcenters erhalten, werden im SGB II als erwerbsfähige Leistungsberechtigte (eLb) bezeichnet. In der Praxis der Jobcenter hat sich diese Bezeichnung allerdings nie durchgesetzt. Wie schon dargelegt wurde, nutzten sowohl Jobcenter wie auch die Bundesagentur für Arbeit in Dokumenten mit Außenwirkung sowie im Kontext der internen und externen Kommunikation den Begriff des „Kunden." Ein „Kunde" ist allerdings etwas anderes als ein „Klient" oder ein „Bürger." Der Kundenbegriff stammt aus der Wirtschaft. Die BA knüpft seit den sogenannten „Hartz-Reformen" (2002 bis 2005) systematisch daran an. Dies tut sie, weil - ganz im Sinne des New Public Management (NPM) - der Gedanken der Serviceorientierung spätestens seit den „Hartz III Reformen" (2004) hervorgehoben werden soll.[8] Nicht von ungefähr ist die Erreichung und Erhöhung der Kundenzufriedenheit eines der geschäftspolitischen Ziele der BA und der von BA und Kommunen geführten Jobcenter in gemeinsamer Trägerschaft.

Der Kundenbegriff stößt, so wie er im Jobcenter Verwendung findet, in der Forschung allerdings ebenso auf Kritik wie bei manchen „Kunden" (vgl. Ames & Jäger 2006, Ochs 2005 sowie Schütz 2005). Der Grund für die Begriffskritik ist, dass „Kunden" im Jobcenter kein Kriterium erfüllen, das gegeben sein müssten, um von einem Kundenstatus sprechen zu können. Den Ausdruck „Kunde" nutzt man gemeinhin zur Bezeichnung von Personen, die ein Produkt oder eine Dienstleistung nachfragen und für deren Erhalt eine Gegenleistung, meist in Form einer Geldzahlung, erbringen. Im Jobcenter empfangen die

[8] New Public Management (NPM) kam in den 1980er Jahre auf und wurde in Deutschland in den 1990er Jahren populär. Neben dem Ziel der Kostenersparnis war der Wunsch nach Effizienzsteigerung ausschlaggebend dafür, dass viele Organisationen des Öffentlichen Dienstes seit Mitte der 1990er Jahre verstärkt Elemente des NPM nutzen. Keine andere Organisation ging dabei so konsequent vor wie die BA. Oschmiansky (2010) benennt folgende Elemente als konstitutiv für NPM: Marktorientierung, Nutzung von Wettbewerbselementen, Einführung privatwirtschaftlicher Managementmethodik, Dezentralisierung der Organisationsstruktur, Deregulierung, Privatisierung, Outsourcing, Output-Orientierung, verstärkte Eigenverantwortung, mehr Kundennähe sowie die Steuerung über Zielvereinbarungen. Letzteres ist im SGB II durch § 48b SGB II geregelt. Auf der Ebene der Integrationsfachkräfte machen sich im Kontext des NPM am deutlichsten das Benchmarking (Vergleich unterschiedlicher Steuerungseinheiten) sowie das Controlling (Überwachung der Erreichung von Kennzahlen) bemerkbar.

„Kunden“ Gelder. Sie erbringen zwar eine Gegenleistung, indem sie Bewerbungsbemühungen nachweisen und an Trainingsmaßnahmen teilnehmen, sie tun das aber nicht immer freiwillig, sondern mitunter nur, weil ihr Arbeitslosengeld II sonst gekürzt wird (vgl. Baethge-Kinsky et al. 2007, S. 72 ff.). Die „Kunden“ im Jobcenter agieren bisweilen einfach aus Angst, dass ihnen ein (Nicht-)Handeln als mangelnde Mitwirkung ausgelegt wird. Der Kundenbegriff suggeriert ein Agieren auf gleicher Augenhöhe Rat erhaltender und Rat gebender Personen, das durch die Sanktionsmacht der Berater nicht existiert.

Die Semantik des Redens von „Kundinnen“ blendet die im Jobcenter bestehenden Machtverhältnisse aus. Klar auf den Punkt bringen das Betzelt & Bode (2017, S. 3): „Die Grundsicherung nach SGB II ist verbunden mit starken Eingriffen in die Privatsphäre [...]. Das hohe Maß an Fremdbestimmung ist mit Kontrollverlust verbunden und daher potenziell angstauslösend. Wechselnde Zuständigkeiten im Jobcenter oder der Arbeitsagentur und weite, von den ‚Kund_innen‘ undurchschaubare Ermessensspielräume der Sachbearbeiter_innen bergen das Risiko willkürlicher Entscheidungen. Dies verstärkt das (bedrohliche) Gefühl von Kontrollverlust bei bestehendem Anpassungsdruck an (ggf. wechselnde) Erwartungen.“ Ähnliches findet sich im Positionspapier bei Kuhnert & Stoll (2015, S. 4), die das mögliche Gefühl von Bedrückung beschreiben, von welchem viele „Kunden“ dem Autor in dessen Beratungsgesprächen ebenfalls berichteten. Sie legen dar, dass die „Leistungsbeantragung [...] von Betroffenen nicht als Inanspruchnahme eines Rechtsanspruches erlebt [wird], sondern in dem Gefühl des schuldigen Bittstellers, der sich jetzt nun alles gefallen lassen muss. [...]. Die Menschen fühlen sich häufig wertlos und entwickeln Wut und Aggression.“

Brandherm (2015, S. 5) beschreibt es so: „Zwar werden die Leistungsempfänger_innen heute als „Kund_innen“ bezeichnet, entsprechend weitgehende Rechte und Mitsprachemöglichkeiten z. B. beim Abschluss von Eingliederungsvereinbarungen lassen sich daraus jedoch nicht ableiten. Auch beim Fallmanagement, das die Einzelnen in den Mittelpunkt rücken muss und sich an deren individueller Lebenssituation und den jeweiligen Bedarfen auszurichten hat, bleibt die Praxis hinter den formulierten Ansprüchen zurück.“ Gegen den Kundenstatus im Jobcenter spricht auch, dass ein Kunde gute Dienstleistungsqualität einfordern kann. Wer eine Dienstleistung bezahlt, kann Mängel reklamieren und so ggfs. Abhilfe schaffen. Den „Kunden“ des Jobcenters ist das nur bedingt möglich. Wenn „Kunden“ beispielsweise mit der Qualität einer Maßnahme nicht zufrieden sind, können sie zwar im Jobcenter um Abhilfe bitten, sie haben aber zumeist weiterhin an der Maßnahme teilzunehmen. Denn das Jobcenter verfolgt auch das Ziel, Maßnahmen möglichst voll zu besetzen. Wenn „Kunden“ sich falsch beraten fühlen, können sie sich beschweren, nur wohnt dem geflügelten Wort, dass eine Beschwerde im Jobcenter meist formlos, fristlos und fruchtlos erfolge, durchaus ein wahrer Kern inne.

Am deutlichsten zeigt sich die Fragwürdigkeit des Kundenbegriffs darin, dass Dienstleister in der Wirtschaft bestrebt sind, Kunden zu gewinnen und zu halten. Das Jobcenter hat das entgegengesetzte Ziel: „Kunden“ schnell loszuwerden, indem sie Arbeit aufnehmen oder auf Leistungen verzichten. Seithe (2010, S. 95) schreibt den Kundenbegriff im Sozialsektor daher ebenfalls kritisierend, es bestehe „ein ‚Marktversagen‘ allein schon deshalb, weil der Verbraucher der sozialen Dienstleistung gar nicht in der Lage ist, diese selber zu finanzieren (ebenda, S. 82). Die Klientel der Sozialen Arbeit als Kunden zu betrachten ist von daher problematisch. Sie sind Nutzer, aber sie haben keinen eigentlichen Kundenstatus. Hinzu kommt, dass sie sich in vielen Fällen gar nicht wie nachfragende, souveräne Kunden verhalten und verhalten können.“ Ein Kunde kann sich entscheiden, kein Kunde mehr zu sein. Für „Kunden“ des Jobcenters gilt das kaum. Ihrem Optieren gegen das Kunde-Sein steht entgegen, dass sie auf das Jobcenter angewiesen sind. Dieses zahlt ihre Miete, die Krankenversicherung und den Arbeitslosengeld-II-Regelsatz.

Dass „Kunden“ im Jobcenter keine Kunden sind, wird auch in dem folgenden Beitrag von Chassé (2017, S. 6-7) deutlich: „§ 1 SGB II stellt die Eigenverantwortung an erste Stelle (anstatt der Führung eines menschen-würdigen Lebens in der alten Sozialhilfe; § 2: alle Möglichkeiten zur Beendigung oder Verringerung der Hilfebedürftigkeit sind auszuschöpfen, dabei ist jede Arbeit zumutbar (§ 10), ggf. sind Arbeitsgelegenheiten zu schaffen: § 16; eine Eingliederungsvereinbarung ist anzustreben, ggf. durch einen Verwaltungsakt (§ 15) und kann durch Kürzungen um 30 Prozent für drei Monate auch kumulativ und auch die Wohnkosten betreffend durchgesetzt werden. [...]. Im Bezug selbst findet eine Kontrolle des gesamten Alltagslebens von den Wohnverhältnissen bis zur Größe des Geburtstagsgeschenks statt. Damit wird ein Status unterhalb von Respektabilität geschaffen.“ Der Respektabilitätsmangel, von dessen Erleben „Kunden“ dem Autor mehrfach berichtet haben, legt das Gegenteil eines echten Kundenstatus nahe. Das Jobcenter ist eben kein Marktplatz, auf dem sich Dienstleistungsanbietern und „Kunden" austauschen. Es ist eine öffentliche Institution, die staatlicherseits garantierte Geld- und Serviceleistungen gegenüber leistungsberechtigen Menschen erbringen soll. Bartelheimer (2005, S. 65) schildert diesbezüglich allerdings treffend: „Dass die Unternehmensberater in der Bundesagentur für Arbeit in den letzten Jahren den Kundenbegriff durchgesetzt haben, erschwert die Verständigung über ein angemessenes Interaktionsmodell für Dienstleistungen am Arbeitsmarkt." Gern & Segbers (2009, S. 8), die einen von ihnen herausgegebenen Sammelband über Erfahrungen im ALG II Leistungsbezug betitelt haben mit *Als Kunde bezeichnet, als Bettler behandelt*, schreiben in ähnlichem Tenor: „Die Arbeitsverwaltungen sind zwar modernisiert worden und die Arbeitslosen sind zu »Kunden« avanciert. Doch unter dem Leitbild des »Forderns« und »Förderns« verändert sich das Verhältnis von Bürgern zur Arbeitsverwaltung. Man spricht zwar von »Kunden«, doch behandelt sie wie Bittsteller."

Zu guter Letzt ist auch der Ausdruck Betreuung bemerkenswert, der in der Jobcenter-EDV-VerBIS im Jobcenter offiziell genutzt.[9] Wie dargelegt wurde, erhält jede „Kundin" eine persönliche Ansprechpartnerin. Sie wird in VerBIS Hauptbetreuerin genannt. In anderen sozialrechtlichen Kontexten ist mit Betreuung eine rechtliche Betreuung nach § 1896 BGB gemeint. Im Jobcenter verschwimmen die Bedeutungen. Hier werden einerseits die persönlichen Ansprechpartner als Betreuer benannt, andererseits auch die rechtlichen Betreuer, die manche „Kunden" haben und die für sie in Behördenangelegenheiten tätig werden. An der Bezeichnung Betreuer haben sich zwei „Kunden" des Autors echauffiert. Sie klagten 2013 und 2016 explizit darüber, betreut zu werden, als sie erfuhren, dass der Autor der ihnen zugeteilte Hauptbetreuer sein. Beide meinten, sie müssten nicht betreut werden und fassten diese Formulierung als Entmündigung auf. Der Autor teilt diese Kritik. Integrationsfachkräfte bzw. persönliche Ansprechpartnerinnen als Betreuerinnen zu titulieren, ist ebenso unpassend, wie Jobcenter-„Kundinnen" als Kundinnen zu bezeichnen.

---

[9] VerBIS steht für Vermittlungs-, Beratungs- und Informationssystem. Es ist das wichtigste EDV-Programm der Integrationsfachkräfte in gemeinsamen Einrichtungen. In VerBIS werden die Kompetenzen, Hemmnisse und Lebenslaufdaten der „Kunden" gepflegt sowie Beratungsvermerke verfasst. Außerdem ist das Programm per interner Schnittstelle mit der EDV CoSach verbunden, in der Aktivierungs- Bildungs- und Coaching-Maßnahmen gebucht sowie Förderleistungen dokumentiert werden.

Für die Mitarbeitenden, die im Jobcenter ALG-II-Beziehende beraten, gibt es diverse Bezeichnungen. Sie werden Hauptbetreuer (HB), Arbeitsvermittler (AV), Fallmanager (FM), Integrationsberater (IB) oder Sachbearbeiter (SB) genannt. Die Aufgaben, die mit den genannten Funktionen einhergehen, unterscheiden sich im Detail. Subsumieren lassen sie sich alle aber unter dem Oberbegriff Integrationsfachkräfte (IFK). Ein weiterer Begriff, der sich in vielen BA-Dokumenten findet, ist der des persönlichen Ansprechpartners (pAp). Der Begriff stammt aus § 14 Abs. 3 SGB II. Dort heißt es: „Die Agentur für Arbeit soll eine persönliche Ansprechpartnerin oder einen persönlichen Ansprechpartner für jede erwerbsfähige leistungsberechtigte Person und die mit dieser in einer Bedarfsgemeinschaft lebenden Personen benennen.“ Die Intention, die bei der Konzeption von „Hartz IV“ mit der Idee vom persönlichen Ansprechpartner verbunden war, ist eine serviceorientierte. „Kunden“ sollten, so die ursprüngliche Intention, Hilfe aus einer Hand erhalten. Sie sollten nicht unterschiedliche Ansprechpartner im Jobcenter haben, nicht von Abteilung A zu Abteilung B laufen müssen, sondern eine Person haben, die sich um ihre Anliegen kümmert, sie koordiniert und an die jeweils zuständigen Stellen im Jobcenter weiterleitet. Die Frage ist nur, ob das gelungen ist.

In einem Rechtskommentar von Sauer (o. J., Rz. 6) heißt es, dass ein pAp „geeignet [ist], die komplexen Strukturen der Behörden für den Leistungsberechtigten auf eine Person zu reduzieren.“ Die Erfahrung des Autors ist indes, dass davon, dass „Kunden“ im Jobcenter nur eine persönliche Ansprechpartnerin haben, keine Rede sein kann. Das genaue Gegenteil ist der Fall. Ein pAp ist für „Kunden“ selten persönlich ansprechbar ist, weil er in der Regel weder seine Telefonnummer noch seine E-Mail-Adresse an „Kunden“ herausgibt, sondern auf das Service-Center (SC) verweist bzw. Anrufe direkt automatisch dort hinleitet (siehe zu dieser Thematik Nowak 2015).[10] Ferner ist es oft so,

[10] Die telefonische Nicht-Erreichbarkeit der pAp wird oft von „Kunden“ kritisiert, allerdings muss hervorgehoben werden, dass die Abläufe im Jobcenter massiv gestört würden, wenn Beratungsgespräche häufig durch Anrufe unterbrochen würden. Darunter hätten auch die „Kunden“ zu leiden, da Störungen Fehler verursachen können. Auch ist es der Beratungsqualität nicht zuträglich, wenn im Gespräch mehrfach das Telefon klingelt. Daher kann die Verweigerung von Integrationsfachkräften, für „Kunden“ per

dass der Arbeitsvermittler oder Fallmanager den „Kunden“ als pAp benannt wird, dieser für die Beratung in Leistungsfragen aber gar nicht zuständig ist. Die meisten Problemfälle, die sich für „Kunden“ ergeben, tangieren aber die Geldleistungen. Es sind Probleme wie Unklarheiten zur ALG-II-Berechnung, Probleme mit Nebenkostenabrechnungen etc., aufgrund derer „Kunden“ das Jobcenter oft aufsuchen. Der pAp schickt die „Kunden“ dann auch keineswegs direkt weiter zur Leistungsabteilung, sondern teilt diesen zumeist mit, sie müssten wieder am Empfang vorsprechen und würden dann von dort aus zu einer Kollegin in der Leistungsabteilung weitergeleitet.[11]

Hinzu kommt, dass es in den meisten Jobcentern einen Jour-Dienst für „Kunden“ gibt, die ohne Termin vorsprechen. Diese „Kunden“ werden, wenn sie am Empfang vorsprechen, nicht an ihre Arbeitsvermittlerin oder Fallmanagerin weitergeleitet, sondern an den Kollegen, der gerade Jour-Dienst hat. Der Jour-Dienst rotierte in der Regel täglich, so dass jede Integrationsfachkraft ihn zeitweise zu leisten hatte. Viele „Kunden“ umgehen die Jour-Beratung allerdings. Sie laufen direkt zum Büro ihres persönlichen Ansprechpartners (was der Ausdruck „persönlicher Ansprechpartner“ ja durchaus auch nahelegt). Dort werden sie, wenn sie keinen Termin haben, aber in der Regel weitergeschickt zum Jour-Berater. Dieser ist mit ihren Fällen zumeist aber nicht so vertraut wie der persönliche Ansprechpartner. Von Hilfe aus einer Hand kann aufgrund dieser organisationalen Abläufe keine Rede sein. Die Komplexitätsreduktion und die höhere Orientierungsfunktion für „Kunden“, die mit der Einführung des persönlichen Ansprechpartners einhergehen sollten, finden kaum statt. Die „Kunden“ des Jobcenters werden eben keineswegs nur von einem (nicht) persönlichen Ansprechpartner „betreut“ und beraten, sondern mindestens noch von einer Sachbearbeiterin in der Leistungsabteilung, vom Jour-Vermittler sowie ggfs. noch vom Fallmanager, von einem Mitarbeiter des Arbeitgeberservice sowie von Beratern in besonderen Projekten des Jobcenters.[12] Erschwerend kommt hinzu, dass es sich bei jenen Kolleginnen, die neu im Jobcenter

---

Telefon erreichbar zu sein, durchaus für Professionalität spreche, wenn die Verweigerung mit dem Wunsch nach Sicherstellung von Beratungsqualität begründet ist.

[11] Dazu muss angemerkt werden, dass die Abläufe in unterschiedlichen Jobcenter unterschiedlich ablaufen können. Das oben Geschilderte war der Ablauf in drei Jobcentern, in denen der Autor tätig war.

[12] Dazu ist allerdings festzuhalten, dass durchaus manche gewichtigen Unterschiede zwischen gE-Jobcentern und OK-Jobcentern existieren. In Letzteren ist es möglich,

anfangen, oft um Menschen mit wenig Berufserfahrung handelt. Für nicht wenige ist der Job im Jobcenter ein Sprungbrett in den Arbeitsmarkt. Einerseits kann dies insofern positiv sein, als gerade junge Menschen oft motiviert sind. Andererseits kann es problematisch sein, wenn eine junge Juristin ohne Berufserfahrung, die gerade von der Hochschule kommt, sofort als Integrationsfachkraft eingesetzt wird. Wenn diese junge Frau, ausgestattet mit Sanktionsmacht, persönliche Ansprechpartnerin für einen 55-jährigen Bauarbeiter mit 30 Jahren Berufserfahrung wird, der seinen Job aufgrund eines Rückenleidens verlor und wenig darüber weiß, wie etwa das Online-Bewerbungsprozedere heutzutage vonstattengeht, kann es sein, dass die sprichwörtlichen Fetzen fliegen. Eine Kollegin des Autors berichtete davon. Der „Kunde" nahm die junge Frau nicht ernst, als diese ihm erklärte, dass er bewerbungstechnisch nicht *up to date* sei. Der „Kunde" empfand das als anmaßend. Er sah seine langjährige Berufserfahrung herabgewürdigt und empfand die Tipps der Kollegin, die seine Tochter hätte sein können, als Rat-Schläge. Die Kollegin wurde von dem „Kunden" nicht als persönliche Ansprechpartnerin wahrgenommen, sondern als eine Person erlebt, die ihm von oben herab Anweisungen gab.

---

dass es mehr „Hilfe aus einer Hand" gibt, als dies in den sehr arbeitsteilig strukturierten gE-Jobcentern der Fall ist. Als einen Grund dafür benennt Hartmann (2013, S. 34) die Tradition der BA, „in der Abläufe und Einzelschritte zerlegt und unterschiedlichen Mitarbeitern zugeordnet werden." Das habe, so Hartmann, auch damit zu tun, dass in der BA „viele Angestellte des mittleren Dienstes beschäftigt waren, denen nach ihrer Qualifikation und Vergütung nicht umfassend anspruchsvolle Aufgaben übertragen werden durften." Dies Tradition setzt sich in gE-Jobcentern weitgehend fort. Dies ist nicht nur Hartmanns Überzeugung, sondern auch die persönliche Erfahrung des Autors dieses Textes, der selbst in 2 gE-Jobcentern und in einem OK-Jobcenter tätig war. In der Optionskommune waren seine Aufgaben umfassender, sie umfassten auch Teile der Geldleistungserbringung. Das hängt u. a. damit zusammen, dass in OK-Jobcentern öfter als in gE-Jobcentern Mitarbeitende tätig sind, die zuvor im kommunalen Sozial- oder Jugendamt beschäftigt waren. In beiden Ämtern prägt das Credo der „Hilfe aus einer Hand" - die sogenannte ganzheitliche Sachbearbeitung - die Organisationskultur weit stärker als in der BA bzw. in gE-Jobcentern. In Letzteren wird den Mitarbeitenden in Schulungen nicht ohne Grund vermittelt, dass „Zuständigkeit prüfen" eines der wichtigsten ersten Gebote in der Fallbearbeitung sei.

Job(center)

Man sollte meinen, dass die primäre Aufgabe eine Organisation, die als „Jobcenter" bezeichnet wird, die Vermittlung von Jobs ist. Jobs stehen im Jobcenter im Zentrum – so die nahe liegende Vorstellung, die dem institutionellen Selbstverständnis dieser Einrichtung entspricht. Im Leitbild des Jobcenters Main-Tauber (o. J., S. 2) heißt es dazu beispielsweise: „Wir sichern die Existenz und bringen Menschen und Arbeit zusammen [...]. Wir befähigen unsere Kundinnen und Kunden ihren Lebensunterhalt schnellstmöglich aus eigenen Mitteln und Kräften sicherzustellen und wollen sie für eine aktive Mitarbeit gewinnen." Ähnlich äußert sich das Jobcenter Hamburg, in seinem Dokument *Mensch und Arbeit im Mittelpunkt* (2014, S. 6), worin folgendes zu lesen ist: „Oberste Priorität hat für uns, arbeitslose Hamburgerinnen und Hamburger in sozialversicherungspflichtige und tariflich entlohnte Beschäftigung zu vermitteln und ihre Hilfebedürftigkeit zu beenden." Im Leitbild des Jobcenters im Landkreis Nienburg findet sich Ähnliches: „Wir sehen Arbeit als wichtigen Bestandteil gesellschaftlicher Teilhabe an. [...] Wir unterstützen Kunden individuell bei ihrer Selbsthilfe zur schnellstmöglichen Beendigung des Leistungsbezuges." Der Fokus liegt aus Sicht der im Jobcenter Beschäftigten also klar auf Jobs. Die Frage ist, welche Implikationen sich daraus ableiten lassen.

Um das zu eruieren, ist es sinnvoll, sich mit der Frage auseinanderzusetzen, was ein *Job* eigentlich ist. Im englischsprachigen Raum ist der Ausdruck *Job* wertneutral. „It's my job" – so etwas äußern auch hochprofessionelle Kräfte. Trotz dessen, dass der Anglizismus „Job" in Deutschland seit gut 25 Jahren weitverbreitet ist, ist das, was darunter verstanden wird, im deutschsprachigen Raum bei vielen Menschen längst nicht immer positiv behaftet. Jobs sind für viele Menschen keine Berufe und keine Professionen. Es sind Tätigkeiten, die hinsichtlich ihres Renommees, des Verdienstes und der Handlungsautonomie im unteren Feld angesiedelt sind. Ärzte, Anwälte, Lehrer, Pfarrer oder Wissenschaftler haben im deutschsprachigen Raum keinen Job. Sie gehen einer Arbeit nach und haben einen Beruf, zu dem sie sich so manches Mal gar berufen fühlen. Sprüche wie der, dass das Jobcenter dabei helfen könne, den Traumjob zu finden, sind insofern eine sprachliche Paradoxie, als ein Traumjob kein Job ist, sondern eine Berufung. Der ärztliche Direktor der psychiatrischen Universitätsklinik Ulm, Manfred Spitzer (2006, S. 805) bringt diese - ihm nach vor allem unter intellektuellen verbreitete Überzeugung - so auf den Punkt: „Einen Job hat man, weil man Geld braucht. Nicht etwa, weil man sich für die mit ihm verbundene Arbeit interessiert. Man hat ihn auch nicht, um Karriere zu machen, und schon gar nicht, weil man sich zu ihm berufen fühlt."

Spitzer hält diese Vorstellung für verkürzt. Er betont, dass es bei der Unterscheidung von Job, Beruf und Berufung nicht auf die Tätigkeit und nicht auf das Prestige dieser ankomme. Es käme darauf an, ob eine emotionale Verbundenheit und ein Sinn-Erkennen mit ihr verbunden seien. Wenn das gegeben sei, könne auch eine wenig prestigeträchtige Arbeit zur Berufung werden. Bezug nehmend auf eine Studie von Wrzesniewski et al. (1997), die 196 Arbeitnehmer befragten, sagt Spitzer, „dass die Menschen ihr Verhältnis zur Arbeit sehr klar entweder als Job, Beruf oder Berufung einstuften. Weiterhin zeigte sich der erwartete Zusammenhang zwischen Berufung, Zufriedenheit und Gesundheit." Wenn eine Arbeit als Berufung aufgefasst wurde, lagen die Krankheitstage „signifikant niedriger" als im Falle dessen, dass keine Berufung verspürt wurde. Bezüglich der Differenzierung von Beruf und Job konnte kein signifikanter Unterschied festgestellt werden. Nun handelt es sich bei den Jobs, die Langzeitarbeitslosen seitens des Jobcenters überwiegend angeboten werden, allerdings so gut wie nie um Verrichtungen, die viel Potenzial versprechen, in ihnen eine Berufung erkennen zu können. Es sind in der Regel schlecht bezahlte, wenig Handlungsautonomie versprechende Tätigkeiten.

Es sind Verrichtungen, die sich eher zum Jobben als zur Selbstverwirklichung eignen. *Zu jobben* ist aber nicht gleichbedeutend mit *zu arbeiten*. Bezeichnend ist in diesem Zusammenhang auch, dass die Institution, welche für die Beratung von Menschen zuständig ist, die ihre Anstellung verloren, nachdem sie mindestens 12 Monate sozialversicherungspflichtig beschäftigt waren, nicht etwa Jobcenter heißt, sondern Agentur für Arbeit. Wenn der Berechtigungszeitpunkt für den Bezug von Arbeitslosengeld I endet oder nicht bestand, können Menschen, die erwerbsfähig sind, ihren Lebensunterhalt aber nicht aus eigener Kraft zu bestreiten vermögen, Arbeitslosengeld II beantragen. Dabei handelt es sich um das sogenannte „Hartz IV". Daraus folgt, dass, wenn es eine Agentur für Arbeit und ein Jobcenter gibt, ein Unterschied existieren muss zwischen *Arbeit* und *Job*. Warum sonst würde auf diese Unterscheidung im Institutionsnamen Wert gelegt? Menschen, die qualifizierten Tätigkeiten nachgehen, würde von sich in der Regel nicht behaupten, zu jobben. Die negative

Konnotation des Jobs zeigt sich auch im von Lindsey (2005) geprägten Ausdruck *McJobs* (abgeleitet von McDonalds). Darunter subsumieren lassen sich einfache, standardisierte, meist in Teilzeit vollzogene Tätigkeiten mit niedriger Bezahlung – bei hoher Flexibilitätserwartung. Erwähnt werden muss freilich, dass das nicht alle Menschen so sehen. Jobbörsen wie *Stepstone*, die sich an qualifizierte Kräfte richten, nutzen den Ausdruck Traumjob. Auch der Verein Deutsche Sprachforschung meint, dass „Job" früher eine negative Konnotation erfuhr, diese aber abgelegt habe. Der Verein schreibt auf seiner Homepage:

„Allgemein im Sprachgebrauch hat Job [...] das komplette Arbeitsleben durchdrungen und seinen abwertenden Charakter abgelegt. Im Gegenteil: Job klingt flott, zwanglos, auch souverän. [...] Vermutlich ist [...] das Attraktive am Job seine Unverbindlichkeit. Egal, was man beruflich macht oder wie viel man dafür bezahlt kriegt, ob Nebenjob, Fulltime-Job, Studentenjob, Home-Office-Job, Job als Selbständiger – Job klingt immer akzeptabel." Der Überzeugung, dass Job immer akzeptabel klinge, war der Autor dieses Textes auch, bevor er 2012 im Jobcenter zu arbeiten begann. Seither hat sich sein Verständnis des Jobs gewandelt. Der Grund dafür ist, dass die Vermittlungsvorschläge, die das Jobcenter versendet, größtenteils solche sind, die auf Helferstellen verweisen. Das Gros jener Jobs, in die der Autor seine „Kunden" vermitteln konnte, waren Tätigkeiten, die zeitlich befristet, schlecht bezahlt, körperlich anstrengend, zu ungünstigen Arbeitszeiten und im Schichtdienst zu leisten waren. Es verwunderte nicht, dass im Laufe der Jahre an die 50 „Kunden" dem Autor ihr Leid klagten über schlechte Konditionen in Vermittlungsvorschlägen. *Job-Vermittler drängen Arbeitslose in Zeitarbeit* – so lautet die Überschrift eines Artikels von Flora Wisdorff in der Online-Ausgabe der WELT vom 11.01.2013. Dass primär in prekäre Jobs vermittelt wird, fasst der Artikel treffend zusammen:

„Arbeitslosen werden oft Zeitarbeits-Jobs angeboten, obwohl es unbefristete Stellen gibt. Das dient einer besseren Vermittlungsbilanz der Arbeitsagenturen und Jobcenter. [...] Hintergrund ist, dass die Arbeitsagenturen und Jobcenter besonders große Anreize haben, in Zeitarbeit zu vermitteln. [...] Da eine Vermittlung in Zeitarbeit einfacher ist, und die Zeitarbeitsunternehmen besonders viele Stellenvorschläge übermitteln, gibt es in dem Bereich eine besonders große Dynamik. Zehn Agenturen erwirtschaften bundesweit laut BA-Informationen sogar zwischen 60 und 69 Prozent ihrer Besetzungserfolge über die Zeitarbeit." Gespräche mit drei „Kunden" sind dem Autor dieses Textes in

Erinnerung, die sagten, dass sie keinen Job - und erst recht keine Zeitarbeitsjobs - suchten, sondern eine echte Perspektive haben wollten. Eine Frage wie „Was muss ich denn machen, damit ich eine echte Anstellung bekomme?“, hörte er des Öfteren. Jene „Kunden“, die dezidiert auf den Ausdruck „Job“ eingingen, konnotierten ihn negativ. Wenn von „Jobs“ die Rede war, fielen seitens der „Kunden“ oft Worte wie „mies“, „Ausbeutung“, „Sklaventreiber“, „Verfügungsmasse“ und „rumknechten.“ Deutlich brachte 2015 ein junger „Kunde“ diese negative Konnotation zum Ausdruck. Als der Autor ihm mehrere Vermittlungsvorschläge aushändigte, sagte der junge Mann, er wolle „richtig arbeiten.“ Was er nicht wollte, waren „Scheißjobs.“

Es mag sich auf den ersten Blick widersprüchlich anhören, aber die Tatsache, dass es im Jobcenter primär um Jobs geht, zeigt sich auch, wenn es *nicht* um Jobs geht, sondern um Maßnahmen. Es handelt sich bei diesen Maßnahmen oft um solche zur Aktivierung und beruflichen Eingliederung (MAbE). Der Grund für die Zuweisung zu ihnen ist aber nicht immer der Wille der Integrationsfachkräfte, ihre „Kunden“ zu fördern. Bisweilen ist die Intention auch, Maßnahmen als Instrument des Forderns einzusetzen. Ein Ziel der Maßnahmen ist es, die Teilnehmenden zu informieren, zu motivieren und unter Druck zu setzen, möglichst schnell einen Job aufzunehmen. Und zwar irgendeinen Job. Es geht nicht - bzw. nicht in erster Linie - um das Eruieren etwaiger Berufungen. Es geht in erster Linie um das schnelle Jobben, was die Maßnahmen befördern sollen. Wer auf Jobs fokussiert, kann das schneller erreichen als ein Berater, der für seine „Kundinnen“ an längerfristiger Qualifizierung zwecks nachhaltiger Integration in Arbeit interessiert ist. Die Krux mit Nachhaltigkeit ist nur, dass sie selten schnell zu haben ist. Für Jobs zu aktivieren, geht schneller.

Beraten

Eine zentrale Aufgabe, die Integrationsfachkräften im Jobcenter zukommt, ist die Beratung der „Kunden“. Rechtien (1998 in Retter 2002, S. 352) definiert Beratung als einen zwischenmenschlichen, interaktiven Prozess, in welchem eine Person in und durch die Interaktion mit einer anderen Person mehr Klarheit über eigene Probleme und deren Bewältigungsmöglichkeiten gewinnt. Das Ziel der Beratung ist die Förderung von Problemlösungskompetenz. Beratung soll dabei behilflich sein, die eigenen Probleme durch Erkenntnis und verbesserte Selbstorganisation zu lösen. Dietrich (1983, S. 2) erklärt, unter Beratung zu verstehen sei eine „Form einer interventiven und präventiven helfenden Beziehung, in der ein Berater mittels sprachlicher Kommunikation und auf der Grundlage anregender und stützender Methoden innerhalb eines vergleichsweise kurzen Zeitraums versucht, bei einem desorientierten, inadäquat belasteten oder entlasteten Klienten einen auf kognitiv-emotionale Einsicht fundierten aktiven Lernprozess in Gang zu bringen, in dessen Verlauf seine Selbsthilfebereitschaft, seine Selbststeuerungsfähigkeit und seine Handlungskompetenz verbessert werden können."

Schwarzer & Posse (1986 in Krause u. a. 2003, S. 22) verweisen insbesondere auf die Freiwilligkeit und auf das Partizipationsrecht der Klientel. Sie heben hervor, dass das zu behandelnde Problem und das angestrebte Ziel vom Klienten - und nicht vom Berater - vorzugeben sei. Sie definieren Beratung als „freiwillige, kurzfristige, oft nur situative, soziale Interaktion zwischen Ratsuchenden (Klienten) und Berater mit dem Ziel, im Beratungsprozess eine Entscheidungshilfe zur Bewältigung eines vom Klienten vorgegebenen aktuellen Problems durch Vermittlung von Informationen und/oder Einüben von Fertigkeiten gemeinsam zu erarbeiten." Betrachtet man die Wörter Beratung und Beraten etymologisch, so leiten sie sich ab vom althochdeutschen Wort Rat, welches sinngemäß für Fürsorge, Abhilfe und Besorgung notwendiger Mittel verwandt wurde. „Das Verb »raten« wurde im Sinne von »vorschlagen, empfehlen und für etwas sorgen« gebraucht, wie auch für »sich etwas (geistig) zurechtlegen, überlegen«. Mit dieser etymologischen Begriffserklärung wird auch die Abgrenzung zu Begriffen wie »befehlen«, »anweisen« oder »informieren« deutlich" (Mutzeck 2005, S. 12). Allein schon in der Wortherkunft liegt also begründet, dass Beratung mehr sein muss als bloßes Informieren oder Anweisen.

Das schlichte Geben einer Auskunft ist noch keine Beratung, denn Beratung ist ein interaktiver Prozess wechselseitigen Handelns, dessen Ziel es ist, Ratsuchende bei der Veränderung ihrer Lebenssituation und bei konkreter Problembewältigung zu unterstützen. Vom Anweisen und Befehlen unterscheidet sich Beratung insofern, als die ratsuchende Person immer über die Freiheit verfügen muss, dem Rat nicht Folge zu leisten. Dies ist beim Anweisen und Befehlen in der Regel nicht der Fall, da beide Kommunikationsformen ein hierarchisches Machtverhältnis bedingen, zumal ansonsten die Ausführung der Anweisung bzw. des Befehls nicht garantiert werden könnte. Die Interaktion zwischen beratender- und ratsuchender Person, welche sich in einem Wechselspiel gegenseitigen Sprechens, Hörens und Verstehens vollzieht, ist aber nur ein Aspekt der Beratung. Entscheidend ist außerdem, dass die Beratung „im Gegensatz zum Alltagsgespräch planvoll, fachkundig und methodisch geschult durchgeführt wird und [...] auf einer beidseitigen Verbindlichkeit, Verantwortung und auf einem arbeitsfördernden Vertrauensverhältnis beruht" (Mutzeck 2005, S. 14). Beratung hat zielgerichtet, planmäßig und absichtsvoll sowie basierend auf methodischen Kenntnissen zu erfolgen. Die Beraterin muss über ein breites Spektrum methodischer Kenntnisse verfügen, um nicht Gefahr zu laufen, den Klienten der von ihr selbst bevorzugten Methode unterzuordnen. Denn: „Nicht die Methode bestimmt den Verlauf der Beratung, sondern das Problem, der Gegenstand, die Lebensumstände bestimmen die Vorgehensweise" (Galuske 1998, S. 176). Die Aufzählung diverser Definitionen von Beratung ließe sich noch fortsetzen. Es sollen die genannten Definitionen aber genügen, anhand derer sich die wesentlichen Komponenten von Beratung bereits ausreichend erkennen lassen. Fasst man die Definitionen zusammen, so lassen sich folgende Faktoren nennen, die eine Beratung immer kennzeichnen:

- Das Vorhandensein eines Anliegens
- Das Vorhandensein eines Ratgebers
- Das Vorhandensein eines Ratsuchenden (Klienten)
- Die Einsichtsfähigkeit des Klienten, dass Beratungsbedarf besteht
- Die sprachliche/schriftliche Interaktion zwischen Berater und Klient
- Die Erarbeitung und Setzung eines Beratungsziels
- Das Vorhandensein eines Zeitrahmens, in dem Beratung geschieht
- Die Anwendung eines methodischen Vorgehens
- Die Freiheit des Klienten, Anregungen anzunehmen/zu verwerfen

Nun stellt sich die Frage, ob das, was in der Interaktion von Integrationsfachkräften und „Kunden" im Jobcenter geleistet wird, als Beratung bezeichnet werden kann, wenn die oben genannten Kriterien zugrunde gelegt wird. Die Antwort ist: teilweise. Die Gespräche im Jobcenter gehen über das, was Beratung leisten soll, weit hinaus. In ihnen werden diverse Kommunikationsformen vermischt, die vom Anweisen, Aktivieren, Informieren und Animieren bis hin zur Beratung und sogar Bestrafung (Sanktionsgespräche) reichen. Ein nicht untypisches (Beratungs-)Gespräch kann im Jobcenter etwa mit der Darlegung von Sanktionsgründen für ein von der Integrationsfachkraft so gewertetes Fehlverhalten des „Kunden“ beginnen, dann Aufforderung an den „Kunden“ beinhalten, seine Bewerbungsbemühungen vorzulegen, zu Antworten der Integrationsfachkraft auf Fragen des „Kunden“ bzgl. eines Darlehens für die Anschaffung einer Brille übergehen, auf die Sicherstellung der Kinderbetreuung zu sprechen kommen, die Klärung von Finanzierungsfragen im Bewerbungsprozess umfassen und mit der Thematisierung einer Umschulung enden. Es lässt sich nicht klar abgrenzen, was davon genuin beratungsspezifisch ist, zumal die Interaktion eben auch Aspekte des Informierens, Forderns und Belehrens beinhaltet, die im Jobcenter-Zwangskontext oft Hand in Hand gehen.

§ 59 SGB II i. V. m. § 309 SGB III spezifiziert, dass Einladungen ins Jobcenter zum Zwecke der Berufsberatung, Vermittlung in Ausbildung oder Arbeit, Vorbereitung aktiver Arbeitsförderungsleistungen, Vorbereitung von Entscheidungen im Leistungsverfahren und Prüfung des Vorliegens der Voraussetzungen für den Leistungsanspruch erfolgen können. Die Themen, zu denen in den jeweiligen Kontexten interagiert - und mithin *auch*, aber nicht nur - beraten wird, sind vielfältig und fließend. Sie lassen sich fast nie klar voneinander abgrenzen. Die Menschen, die im Jobcenter interagieren, sind zu verschieden. Die Themen, bzgl. derer sie interagieren, sind es auch. Hielscher & Ochs (2011, S. 35) schildern es mit folgenden Worten: „Im Zentrum des Dienstleistungsverhältnisses steht [...] die Beratungsinteraktion, in der soziale Rollen und zugleich Personen aufeinander treffen. [...] Die Realität des ‚Kunden“ wechselt mit jedem neuen Beratungstermin; sie erschließt sich nicht ohne Weiteres, ist abhängig von Interessen und Handlungsstrategien ebenso wie von kommunikativer Kompetenz, Selbstkonzept und ‚Bürokratieerfahrung des jeweiligen ‚Kunden‘.“ Auch Hartmann (2014, S. 13) geht darauf ein:

„Eine systematische Untersuchung des IAB zeigt in Befragungsergebnissen und Einzelfallbeobachtungen zunächst, dass der schematische Ablauf der Beratung der Wirklichkeit der vorgetragenen Kundenanliegen nicht gerecht wird (Schütz u. a. 2011). [...] Die Kund/innen kommen mit vielfältigen Problemen und Anliegen, nur meist nicht mit der Bereitschaft, einem idealtypischen Prozess der Arbeitssuche zu folgen.“ Böhringer et al. (2012, S. 70), die Gespräche im Jobcenter konversationsanalytisch ausgewertet haben, gehen auf diese

Vermischung, die Jobcenter-Beratung von anderen Formen institutionalisierter Beratung unterscheidet, so ein: Unsere Vermutung, dass sich die Gespräche in Jobcentern von der Kommunikation in anderen Institutionen, z. B. Beratungsinstitutionen, unterscheiden, wird durch die Analyseergebnisse bestätigt und ergänzt. Es handelt sich bei diesen Gesprächen um einen Mix aus verschiedenen institutionalisierten Situationen, zu denen *auch* Beratung gehören kann. Dann aber handelt es sich eher um Beratung im alltagsweltlichen Sinne, nicht aber um eine ausdifferenzierte institutionelle Kommunikationsform ‚Beratung'. Darin unterscheidet sie sich aber von reinen Beratungssituationen, in denen zumindest die Berater typischerweise bemüht sind, einen solchen Mix *zu vermeiden.*" Gründe dafür, dass Beratung im Jobcenter teils unzureichend erfolgt, sind, dass es die für konstruktive Beratung üblicherweise zentralen Faktoren Offenheit und Freiwilligkeit im Jobcenter nicht gibt.

In den Augen vieler „Kundinnen" ist es so, dass die Einladungen der Jobcenter faktisch Vorladungen sind. Die „Kundinnen" können sie nicht ausschlagen, da sie mit Rechtsfolgenbelehrung ergehen, in der die „Kunden" darauf aufmerksam gemacht, dass ihr ALG II um 10 % gekürzt werde, wenn der Einladung nicht Folge geleistet wird. Mutzeck (2005, S. 47) hebt ein solches Vorgehen als Verunmöglichungsfaktor einer guten Beratung hervor. Er erklärt: „Professionelle Beratung hat geradezu die Pflicht Abhängigkeit zu vermeiden und sowohl Selbstständigkeit als auch Kooperation aufzubauen und zu fördern." Mollenhauer (2001) ergänzt, dass eine Abhängigkeit, wie sie im Jobcenter evident ist, auch deshalb zu vermeiden sei, weil der Ratsuchende ansonsten in diese Abhängigkeit im unglücklichsten Fall noch tiefer hineingerate.[13] Die Abhängigkeit und Asymmetrie zwischen Berater und Ratsuchendem müsse, so

---

[13] Dazu sein angemerkt, dass Schein (2009, S. 31 f.) in *Helping* indes hervorhebt, dass grundsätzlich in jeder Beratung eine solche Abhängigkeit zumindest implizit entsteht, weil Beratung immer ein Gefälle von Ratgebenden und Raterhaltenden mit sich bringt. Schein spricht in Bezug auf solche Abhängigkeitsverhältnisse von einer „One Downness of Needing Help". Seine These ist, dass der „Kunde", der Hilfe annimmt (oder annehmen muss) eine Abwertung erleben kann, selbst wenn ein Helfender das nicht beabsichtigt. Schein erklärt: „Emotionally and socially, when you ask for help you are putting yourself 'one down'. It is a temporary loss of status and self-esteem not to know what to do next or to be unable to do it. It is a loss of independence to have someone else advise you, heal you, minister to you, help you up, support you, even serve you." Diesem subjektive Erleben einer One-Downess ist selbst in offenen Beratungssettings, die keinerlei Zwangscharakter aufweisen, nur schwer beizukommen.

Mollenhauer, aufgehoben werden, wenn die Situation im Hinblick auf eine Veränderung fruchtbar werden soll. Der Rat darf ihm zufolge keine Verbindlichkeit haben. Antworten und Vorschläge des Beraters müssten optionale Beispiele sein – und keine absolut gültigen Vorgaben, die befolgt werden müssen. Die ratsuchende Person müsse immer die Möglichkeit haben, ohne Zwang einen Rat zu befolgen oder zu verwerfen (vgl. Mollenhauer 2001, S. 117). Da Beratungen im Jobcenter unter Zwang stattfinden und zumeist mit einer ebenfalls unter Zwang abgeschlossenen, oder per Verwaltungsakt verfügten, Eingliederungsvereinbarung enden, kann von professioneller Beratung im Jobcenter nur sehr bedingt gesprochen werden. Sell (2008, S. 6) legt nicht ohne Grund dar, dass die Kombination aus personenzentrierter Hilfe, disziplinierender Aktivierung und Forderung im Jobcenter eine „unlösbare Aufgabe" sei.

Kratz (2013, S. 555 ff.) verweist in ähnlichem Tenor auf den Mangel an Möglichkeit der selbstbestimmten Auswahl der Unterstützung und auf die Subordination der Hilfeempfänger. Ihnen werde durch die Integrationsfachkräfte keine unabhängige Beratung zuteil, sondern eine entfremdete Hilfe. Ein Autorenteam aus Kommunen, der Bundesagentur für Arbeit, der Fachhochschule Frankfurt und der Fachhochschule des Bundes formuliert im von Göckler (2006, S. 15 f.) herausgegebenen *Fachkonzept Beschäftigungsorientiertes Fallmanagement im SGB II*: „Das Wissen um die Sanktionsgewalt seines Gegenübers zwingt zur mehr oder weniger ausgeprägten Zusammenarbeit. Von daher erfüllt diese Form der ‚Beratung' nicht ohne Weiteres die normativen Bedingungen, wie sie üblicherweise für ‚Beratung' gelten. Es ist ein immanenter Konflikt aller mit rechtlicher Sanktionsbewehrung ausgestatteter sozialer Dienstleister." Sehr deutlich kritisieren das auch Ames & Jäger (2006, S. 80), die schreiben: „Ein Fallmanagement, das auf Zwang durch existenzbedrohende Sanktionen setzt statt auf die Freiwilligkeit von Rat- und Hilfesuchenden und auf ihre vorhandenen Kompetenzen zur Lebensbewältigung, das Angst und Bange macht anstatt zu ermutigen, das schwächt, statt stärkt, ist keines. Mit Hartz IV werden ehemals fortschrittliche, einer autoritären und segmentierten Fürsorge gegenüber kritische Ideen und Konzepte von Sozialarbeit und Sozialpädagogik bis zu Unkenntlichkeit umgedeutet und korrumpiert." Bezugnehmend auf die Befunde einer Studie von Lurie (2001) äußern auch Reis & Siebenhaar (2015, S. 52) Kritik an der Art und Weise, wie sich Beratung im Jobcenter konstituiert. Sie schreiben: „In den Gesprächen mit der Klientel geht es ausschließlich um deren Verpflichtung zur Arbeit, nicht um weitergehende

Beratung. Dies liegt auch daran, dass ein Assessment, das auf die Feststellung von Problemlagen gerichtet wäre, um eventuelle Freistellung von Verpflichtungen vorzunehmen, kaum stattfindet. Dies wiederum bedeutet, dass nur wenig Gebrauch von der Möglichkeit gemacht wird, eingeschränkt erwerbsfähige Klient_innen von der Arbeitsverpflichtung zu befreien und objektive Vermittlungshemmnisse in vollem Umfang zu Lasten der Klientel gehen." Abgesehen von der mangelnden Freiwilligkeit ist ein weiteres Phänomen, das die Beratung im Jobcenter auszeichnet, dass die als „Kunden" titulierten ALG II Leistungsbeziehenden Person *immer* beraten werden – egal, ob sie Rat suchen oder nicht. Dies geschieht, weil im Jobcenter Kundenkontaktdichte-Vorgaben (KKD) existieren. Diese sehen vor, dass „Kunden" in regelmäßigen Abständen, zumeist spätestens alle drei bis vier Monate, beraten werden. Einladungen dazu ergehen regelmäßig auch dann, wenn die Person, die eingeladen wird, gar kein Beratungsanliegen hat. Sie ergehen auch, wenn der Berater ebenfalls nicht weiß, zu was er beraten soll.

Der Berater im Jobcenter muss beraten, weil seine Vorgaben das so vorsehen – und der „Kunde" muss sich beraten lassen, weil das zu seiner Mitwirkungspflicht zählt. Ob er ein echtes Anliegen hat, spielt keine Rolle. Dass dies mitunter absurde Formen annehmen kann, dass es „Kunden" verärgern und Integrationsfachkräfte frustrieren kann, ist kaum verwunderlich. Bei arbeitsmarktnahen „Kunden" kann es sogar vorkommen, dass sie jeden Monat eingeladen werden. Bei den sehr arbeitsmarktfernen „Kunden" sowie bei solchen, die nicht arbeitslos, sondern arbeitsuchend sind, kann die Einladungsfrequenz allerdings auch bei fünf bis sechs Monaten liegen. Es variiert, da Jobcenter-Geschäftsführungen die KKD in eigener Verantwortung festlegen. In der Regel setzen sich die Integrationsfachkräfte nach einem Beratungsgespräch eine Aufgabe, in der sie festhalten, bis zu welchem Tag der nächste Beratungsvermerk in VerBIS eingepflegt sein muss, um die KKD-Vorgabe nicht zu verfehlen. Es wird anhand der Beratungsvermerke die KKD-Einhaltung überprüft. Die KKD ist eine Kennzahl, nach der Integrationsfachkräfte bewertet werden. Auch deshalb sind diese bestrebt, ihre „Kunden" immer so einzuladen, dass die KKD-Frequenz nicht verfehlt wird.[14] Ein weiterer Aspekt, der die Beratung im Jobcenter fragwürdig erscheinen lässt, ist die konzeptionelle Schließung, die ihr

[14] Anzumerken ist, dass die kleinste Controlling-Einheit im Jobcenter eigentlich das Team ist, welches meist aus ca. 8 bis 20 Personen besteht. Kennzahlen werden daher -

zu eigen ist. Der deutsche Verband für Bildungs- und Berufsberatung e. V. (2016, S. 18) benennt als Voraussetzung für das Gelingen einer konstruktiven Berater-Ratsuchenden-Interaktion, dass diese eine „klientenzentrierte, unabhängige und fachlich autonome, ergebnisoffene, sachkundige und störungsfreie Beratung ermöglichen [müsse]. Personelle, zeitliche und materielle Ressourcen müssen am Beratungsbedarf ausgerichtet sein. Ein auf Kontinuität angelegtes Angebot ist für die Entwicklung von Qualität hilfreich.“

Schiersmann & Weber (2011, S. 10) schildern, dass Beratung in Bildungs-, Berufs- und Beschäftigungskontexten „ein Angebot“ sei, das die Ratsuchenden unterstütze „ihre Interessen, Fähigkeiten und Kompetenzen zu erkennen, Handlungsproblematiken zu bearbeiten und Entscheidungen zu treffen, um eigenverantwortlich ihre Bildungs- und Berufsbiografien zu gestalten.“ Das umfasse „in der Regel [...] eine freiwillige, zeitlich umrissene, prozesshafte, interessensensible und ergebnisoffene Interaktion zwischen einer Ratsuchenden/einem Ratsuchenden und einer Beraterin/einem Berater.“ Sie ergänzen (2011, S. 11), dass Beratung „zunächst auf der individuellen Ebene dazu bei[trage], die bildungs- und berufsbiografische Gestaltungskompetenz und damit u. a. die persönlichen Möglichkeiten von Bildungsbeteiligung und Beschäftigungsfähigkeit zu erhöhen.“ Im Hinblick darauf, wie Beratung im Jobcenter praktiziert werden soll, lässt sich festhalten, dass insbesondere die Ergebnisoffenheit der Beratung und die Unabhängigkeit der Beratenden nicht gegeben sind. Auch die Kontinuität in der Beratung ist in Folge der sich oft vollziehenden Zuständigkeitswechsel nicht immer vorhanden. Hinzu kommt, dass

---

offiziell - nicht bis auf die individuelle Mitarbeiter-Ebene heruntergebrochen. Inoffiziell geschieht es z. B. im Rahmen der verlaufsbezogenen Kundenbetrachtung aber sehr wohl. In dieser prüfen die Teamleitungen mittels Sichtung von Vermerken und Kontrolle der Anzahl von Aktivierungs-, Vermittlungs- und Bildungsgutscheinen, inwieweit eine logische Integrationsstrategie an den Tag gelegt wurde. Der Autor hat es selbst erlebt, dass er von Teamleitungen darauf hingewiesen wurde, wenn er bei einem „Kunden“ die KKD nicht eingehalten hatte. Paradox erscheint in diesem Zusammenhang, dass die KKD von Führungskräften als Instrument der Qualitätssicherung hervorgehoben wird, die sicherstellen soll, dass Beratende über die Situation ihrer „Kundschaft“ im Bilde sind. Faktisch sichert die KKD die Qualität allerdings oftmals nicht, sondern kann diese sogar unterminieren. Denn die Qualität der Beratungsgespräche kann leiden, wenn die Konversationen inhaltlich irrelevant sind und nur zwecks KKD-Einhaltung geführt werden. Das führt das Ansinnen, eine hohe Beratungsqualität sicherzustellen, ad absurdum.

aufgrund der hohen Zahl an „Kunden", die Integrationsfachkräfte zumeist zu beraten haben, ein individuelles Eingehen auf die Wünsche und Bedürfnisse der „Kunden" allein schon aus Zeitgründen eine Herausforderung darstellt. Das größte Hindernis in Bezug auf das Gelingen von (Bildungs-)Beratung ist aber die a priori gesetzte Beschäftigungsorientierung in der Beratung. Die BA gibt Bezug nehmend auf das SGB II vor, dass Beratung im Jobcenter immer auf die Förderung oder den Erhalt der Beschäftigungsfähigkeit abzuzielen hat.

Im Jobcenter ist es daher keineswegs so, dass den „Kunden" durch Beratung per se ein Mehr an Möglichkeiten eröffnet wird. Diverse Möglichkeiten werden ausgeschlossen, weil Beschäftigungsorientierung prioritär gegenüber Bildungsüberlegungen und alternativen Lebensentwürfen ist. Da es vom Gesetzgeber so gefordert ist, sieht die Beratungskonzeption der BA (BeKo), die das beraterische Fundament der Integrationsfachkräfte bilden soll, auch nur die Beschäftigungsorientierung als ausdrückliches Ziel vor. In der Beratungskonzeption wird, so schildern Rübner & Sprengard (2011, S. 28), zurückgegriffen auf den „Problem-Management-Ansatz" von Egan (2002 a, b), den „Cognitive Information Processing Approach" von Peterson et al. (2002), das Modell der „Kooperativen Beratung" von Mutzeck (2008), das Konzept der „Psychologisch-praktischen Problembearbeitung" von Burkart (1995), die „Kognitive Verhaltensberatung" (siehe dazu Ertelt & Schulz 2008), die „lösungsorientierte Beratungsplanung" von Bürgi & Eberhart (2004) sowie das „Integrative Counselling" von Culley & Bond (2011). Griewatz & Walpuski (2018, S. 53) kritisieren die partielle Vermischung dieser Ansätze als konzeptionellen Eklektizismus. Sie präzisieren:

„Das hier dargelegte Beratungskonzept der Agentur für Arbeit ist zunächst konzeptionell in sich selbst zu kritisieren. Es nimmt eklektizistisch Konzepte aus der Beratung und der Therapie auf, ohne die verschiedenen methodischen Zugänge und Handlungslogiken kritisch zu reflektieren, geschweige denn sozialwissenschaftlich zu begründen, wie es eigentlich notwendig wäre (vgl. Gröning 2016). Damit wird der Beratungsbegriff trivialisiert, indem er durch den Rückgriff auf therapeutische Konzepte einen (illegitimen!) kurativen Anspruch formuliert und die Arbeitssuchenden individualisiert und damit letztlich pathologisiert – Heinz Bude (1988) nennt das ‚Beratung als ‚trivialisierte Therapie'." Die BA (2012, S. 13) betont, die Gesetzesvorgaben bedingten, „dass Beratungs- und Vermittlungsfachkräfte der BA Interessen der Volkswirtschaft (hoher Beschäftigungsstand, Verbesserung der Beschäftigtenstruktur, Förderung des Wirtschaftswachstums) und Interessen der Versichertengemeinschaft (zügige Stellenbesetzung) möglichst mit den Interessen der Kundinnen und Kunden in Einklang zu bringen haben. [...] In vielen Gesprächen lassen sich diese Zielsetzungen widerspruchsfrei miteinander verbinden. Sie können aber auch Ursache für Konflikte sein [...]. Solche Konflikte haben Auswirkungen auf die Beratungssituation und die Beziehungsebene der Gesprächspartner. Kann die Beratungs-/Vermittlungsfachkraft sonst eher als ‚Förderer' und ‚Unterstützer' agieren, muss sie in diesen Situationen als ‚Forderer' auftreten und z. B. stärkeres Engagement verlangen oder gar Leistungen versagen."

Rübner & Sprengard (2011, S. 9 f.) schildern, dass die Beratung in der BA explizit als berufliche Beratung zu verstehen sei: „Sie zielt - wie alle Dienstleistungen der BA - darauf ab, den kundenspezifischen Integrationsprozess in Arbeit, Ausbildung, Schule oder Studium zu verbessern. Der Integrationsbegriff ist hier sowohl inhaltlich als auch zeitlich weit gefasst [...]. Die Bearbeitung von psychologischen Entwicklungs-, Entscheidungs- oder Verhaltensproblemen gehört nicht zum Gegenstandsbereich beruflicher Beratung (z. B. Schwierigkeiten in der Persönlichkeitsentwicklung, Entscheidungsunvermögen, kognitive Verzerrungen oder existenzielle Krisen)." Kurzum wird Beratung im Jobcenter reduziert auf aktivierungsfokussierte Informationsgabe und Anweisung – mit dem a priori gesetzten Ziel der Arbeitsmarktverwertbarkeit. Die „Stärkung und Aktivierung der individuellen Beschäftigungsfähigkeit" der „Kunden" steht ebenso im Vordergrund wie die „Förderung des eigeninitiativen und eigenverantwortlichen Handelns" (ebd., S. 43).

Das Ziel der Arbeitsmarktintegration ist nicht verhandelbar. Details darüber, wie und wann die Eingliederung in Arbeit konkret erreicht werden soll, welche Zwischenschritte dafür zu nehmen sind, welche Aufgaben die Beraterin und welche die „Kundin" wie untereinander aufteilen, sind verhandelbar.[15] Daran, dass als Ziel letztlich die Eingliederung in Arbeit stehen muss, und sei es erst

[15] Theoretisch ist dem jedenfalls so. Praktisch geschieht es weit öfter, dass die zu leistenden Aufgaben und die zu gehenden Zwischenschritte dem „Kunden" einseitig von der Beraterin in der Eingliederungsvereinbarung vorgegeben werden. Hinsichtlich der Frage, in welchem Umfang und unter welchen Bedingungen sich Beratende im Jobcenter wirklich darauf einlassen, mit „Kunden" zu verhandeln, mangelt es an repräsentativen Studien.

mal nur in Form eines Mini-Jobs oder einer Arbeitsgelegenheit, besteht aber kein Zweifel. Aushandlungen dergestalt, dass eine Arbeitsaufnahme nicht länger sinnvoll ist und man sich andere Ziele setzt, darf es nicht geben. Das selbst dann nicht, wenn es sich um „Kunden“ handelt, von denen die Integrationsfachkräfte wissen, dass sie mit sehr hoher Wahrscheinlichkeit keine reale Chance mehr haben, je (wieder) in Arbeit integriert zu werden. Die Arbeitsfokussierung ist systemimmanent.[16]

Hinzu kommt, darauf verweist Karen Schober (2018), die Vorsitzende des *Nationalen Forum Beratung in Bildung, Beruf und Beschäftigung e. V.* (nfb), dass die BA-Beratungskonzeption zwar durchaus Qualitätsstandards beinhalte bzw. vorgebe, dass diese sich aber nicht auf den ko-konstruktiven Beratungsakt selbst bezögen. Sie nähmen zumeist lediglich auf geschäftspolitische, organisationale, manageriale sowie prozessbezogene Kriterien Bezug. Aspekte der beraterischen Grundhaltungen und Kompetenzen hingehen – sowie Thematiken, welche die Gestaltung der Beziehungsebene zwischen den Rat-Erhaltenden und den Beratenden betreffen, würden kaum thematisiert (vgl. dazu auch Griewatz & Walpuski 2017 sowie Hielscher & Ochs 2011, S. 105 ff.). Manche Integrationsfachkräfte nehmen via Bildungsurlaub und selbst gezahlter Weiterbildungen an Beratungstrainings teil, in denen verschiedenste Ansätze wie systemische Beratung, lösungsorientierte Beratung, personenzentrierte Beratung und gewaltfreie Kommunikation geschult werden. Eine vergleichbare, einheitlich hohe Beratungsqualität ist aufgrund der unterschiedlichen Ansätze und Bildungshintergründe, welche die Integrationsfachkräfte mitbringen, nicht gegeben. Einheitlich ist lediglich, dass die Beschäftigungsorientierung stets

[16] Anzumerken ist allerdings, dass die Anwendung der Beratungskonzeption im Rechtskreis des SGB II (Jobcenter) freier gehandhabt wird als im Rechtskreis des SGB III (Agentur für Arbeit), da in den Jobcentern nicht nur Integrationsfachkräfte der BA arbeiten, sondern auch kommunale Beschäftigte, die, wie geschildert wurde, oft anders berufssozialisiert sind als die BA-Kolleginnen. Sie haben häufig ein anderes Beratungsverständnis. Darüber hinaus gibt es im Jobcenter mit dem Fallmanagement einen weiteren Ansatz, in dem Beratungselemente zur Anwendung kommen, die nicht alle deckungsgleich sind mit der Beratungskonzeption der Bundesagentur für Arbeit. Überdies ist es so, dass nicht alle Integrationsfachkräfte an BeKo-Schulungen teilgenommen haben. Und bei denen, die teilgenommen haben, ist noch längst nicht gesichert, dass sie die Vorgaben bzw. Anregungen aus der Beratungskonzeption auch umsetzen. Beratende sind im Jobcenter nicht selten genauso eigenwillig wie ihre „Kunden“. Auch daher existiert ein Potpourri an Vorstellungen, wie gute Beratung abzulaufen habe.

das anzustrebende Ziel sein muss. Wäre die Beratung ergebnisoffen, könnten die „Kunden" dahingehend unterstützt werden, ihr Leben auf andere Art als durch die Aufnahme von Arbeit sinnstiftend zu stabilisieren. Das funktioniert aufgrund der im SGB II normierten Dogmatik, dass das Beratungshandeln im Endergebnis stets zur Arbeitsaufnahme führen soll, aber nicht.

Ein letzter bedeutender Faktor, der im Jobcenter erschwerend auf die Sicherstellung einer professionellen Beratung wirkt, ist, dass die Bildungshintergründe und Berufserfahrungen der persönlichen Ansprechpartnerinnen sehr unterschiedlich sind. Zwar kann das Fach *Arbeitsmarktmanagement* als spezifische Vorbereitung auf die Arbeit als Integrationsfachkraft an der Hochschule der BA in Mannheim und Schwerin studiert werden, es hat aber nur eine Minderheit der Integrationsfachkräfte im Rechtskreis des SGB II dort studiert. Das Gros von ihnen sind Quereinsteiger, die beispielsweise Soziologie, Gesundheitswissenschaften, Sozialpädagogik, Geschichte, Betriebswirtschaftslehre, Philosophie oder Jura studiert haben. Die unterschiedlichen Studiengänge und die Fülle an Berufserfahrungen der Beratenden bringen divergente Sichtweisen mit sich. Das kann blinden Flecken und unreflektiertem Denken vorbeugen, die professionelle Beratungsarbeit also befördern, sofern es in Fallsupervisionen und Teambesprechungen zum regen Austausch der Integrationsfachkräfte kommt. Ein Viel an beruflichen Hintergründen kann allerdings auch bewirken, dass keine klare Linie existiert, da eine Sozialpädagogin oder Soziologin bei der Fallbearbeitung ggfs. andere Schwerpunkte legt als ein Betriebswirt.

Die Sichtweisen der Fachkräfte unterscheiden sich, was auch durch ermessenslenkende Weisungen nicht gänzlich unterbunden werden kann. Hinzu kommt, dass längst nicht alle Fachkräfte über ein umfassendes Wissen in Berufskunde verfügen. Es mangelt nicht wenigen Beratenden an Kenntnissen dazu, welcher Voraussetzungen es bedarf, um einen bestimmten Beruf aufzunehmen, eine Aufstiegsfortbildung zu absolvieren oder eine Ausbildung zu beginnen. Speziell die Beratung zu Aus- und Weiterbildungen fällt vielen Integrationsfachkräften schwer, weil „Kunden" im Jobcenter in der Regel nicht nach Berufsgruppen unterteilt werden. Die Zuteilung erfolgt meist nach der „Kunden"- oder Bedarfsgemeinschaft-Nummer, so dass jeder Berater zu diversen Berufen beraten können soll. In der Regel verfügen Integrationsfachkräfte in der Berufskunde nur über ein Überblickswissen. Spezialwissen haben sie oft nur in den Bereichen, mit denen sie sich häufig befassen. Es gibt kaum Berater, die sich mit den Spezifika von Schweißverfahren ebenso gut auskennen wie mit diversen SAP-Modulen, CAD-Programmen oder Anforderungen im Lager, Gastro- und Wachschutz-Bereich. Zu all diesen - und weiteren - Bereichen stellen „Kunden“ im Jobcenter aber oft Fragen.

Zu all diesen Bereichen müssen die Beratenden sich informieren, um gut beraten zu können. Das setzt Engagement auch über das normale Maß hinaus voraus, da es in der Arbeitszeit in der Regel kaum zu schaffen ist, sich neben der Beratungs- und Verwaltungsarbeit auch noch berufskundliches Hintergrundwissen anzueignen. Geschuldet ist dies u. a. auch dem Faktum, dass Berufsberatung offiziell nicht im Jobcenter, sondern bei der Agentur für Arbeit, stattfindet, wo spezialisiertere Fachkräfte diese leisten. Faktisch wird die Berufsberatung aber sehr wohl auch im Jobcenter praktiziert. Der Grund dafür ist, dass viele „Kunden“ den Ausdruck „persönlicher Ansprechpartner“ (pAp) wörtlich nehmen. Von ihrem pAp erwarten sie oft auch Informationen zu Aus- und Weiterbildungen. Dass man „Kunden“ allerdings kaum zu Stipendien, zu BAföG, zur Anerkennung von Abschlüssen und zur Frage nach Alternativen zum Wunschberuf beraten kann, wenn man selbst wenig darüber weiß, ist offenkundig. Sich dieses Wissen anzueignen und es aktuell zu halten, ist allerdings auch deshalb herausfordernd, weil Berufsbilder sich ebenso ändern wie Gesetzestexte. Allein das SGB II wurde seit 2005 über 70 Mal geändert. Hinzu kommt, dass die BA bestrebt ist, mittels ermessenlenkender Weisungen (elW) und fachlicher Hinweise (FH) das Handeln der Mitarbeitenden im Jobcenter in eine bestimmte Richtung zu steuern.

Es reicht nicht, nur Paragrafen zu kennen. Auch die elW und die FH müssen bekannt sein, genau wie die Geschäftsanweisungen, die jedes Jobcenter in eigener Verantwortung erlässt. Das bringt es mit sich, dass eine Integrationsfachkraft zum Anfang ihrer Tätigkeit mehrere Hundert Seiten in vielen Dokumenten lesen muss, um sich zurechtzufinden. Für jene Beraterinnen, die wenig Erfahrung mit den für das Beratungshandeln maßgeblichen Paragrafen der Sozialgesetzbücher I, II, III und X haben, kommt das nicht selten einer Informationsüberflutung gleich. Es bedarf einer grundlegenden Kompetenz, Rechtsverordnungen lesen und Implikationen für die Praxis daraus ableiten zu können. Abgesehen davon, dass nicht alle Mitarbeitenden im Jobcenter über die dafür nötige juristische Fachkompetenz verfügen, kommt hinzu, dass das Wissen um die korrekte Rechtsanwendung sowie um die Umsetzung von

Verwaltungsvorschriften noch nichts über die kommunikativen und psychosozialen Fähigkeiten aussagt. Diese aber spielen im Kontext der Beratung eine ebenso große Rolle. Die nötige Mischung aus korrekter Sozialrechtsanwendung, empathischer Beratungshaltung und Berufskunde legen nicht alle Mitarbeitenden im Jobcenter an den Tag. Darüber hinaus wird das Gelingen guter Beratung im Jobcenter auch dadurch erschwert, dass die Personalfluktuation hoch ist (vgl. Müller 2013, S. 35). Das hat zur Folge, dass Stringenz dergestalt, dass auch beim Personalwechsel die einmal begonnene Integrationsstrategie weiterverfolgt wird, nicht immer gegeben ist. Über diese Strategiebrüche klagen „Kunden" oft. Es herrscht in vielen Jobcentern ein Kommen und Gehen durch Wegbewerben, Erkrankungen und das Auslaufen befristeter Verträge. Darauf eingehend schrieb das ehemalige Vorstandsmitglied der BA, Heinrich Alt, in einem Gastkommentar in der Frankfurter Rundschau am 01.05.2015:

„Die Stimmungslage in den Jobcentern ist nicht brillant. Das kann und möchte ich nicht wegreden. Das liegt zum einen an einer immer noch zu hohen Personalfluktuation, an einem sehr bürokratischen, komplexen und damit zeitaufwendigen Verfahren der Leistungsgewährung und an einem permanenten psychischen Druck, nicht jedem den passenden Platz in der Arbeitswelt anbieten zu können." Rövekamp (2017) bringt es noch deutlicher auf den Punkt: „Die Arbeitsbedingungen im Jobcenter sind verheerend". Es gibt, so lässt sich mit einer Formulierung des Organisationswissenschaftlers Nils Brunsson (2007, S. 115 f.) sagen, in vielen Jobcenter eine eklatante Diskrepanz zwischen *Talk* (Wir beraten einzelfallgerecht) und *Action* (Wir wursteln uns durch). Beides ist gerade so lose gekoppelt, dass (noch) das Bild einer funktionalen Organisation präsentiert werden kann. Gegenüber der Politik, den Medien und der „Kundschaft" wird suggeriert, dass die Mitarbeitenden des Jobcenters hoch qualifiziert seien und stets lösungsorientiert mit ihren „Kunden" interagierten. Eine hohe Qualifikation bedeutet aber keine gute Beratungsqualität, wenn es den beratenden Jobcenter-Fachkräften an Erfahrung, Sicherheit, Wertschätzung, Rollenklarheit und Weiterbildung mangelt.

Bildungsmaßnahmen

Bildung gilt nicht nur im Jobcenter, sondern gesamtgesellschaftlich als Generalschlüssel. Sie ist kulturell wie auch wirtschaftlich positiv konnotiert. Für Bildung zu sein, bietet wenig Angriffsfläche. Kein Wunder, dass so gut wie alle gesellschaftlich relevanten, einflussreichen Gruppen und Parteien für mehr Bildung eintreten. Kurzum gilt: Wer mehr Bildung fordert, macht nichts falsch. Bildung ist vor allem in Wahlkampfzeiten ein Das-geht-immer-Wort. Mit ihr lässt sich auch deshalb punkten, weil das, was unter Bildung verstanden wird, interpretationsoffen ist. Beliebigkeit schafft Anknüpfungspotenzial. Lederer (2014, S. 144) geht auf die beliebig anmutende Konzeption dessen ein, wie der Bildungsbegriff konkretisiert wird. Er zitiert Bittner (2006, S. 24): „Bildung definiert sich (...) von irgendwelchen ‚Bildungszielen' her, deren Trefflichkeit außer Zweifel steht, deren Deklaration jedoch folgenlos bleibt, solange nicht untersucht wird, wie im konkreten Leben die Entwicklung derart löblicher Fähigkeiten (wie die von Wolfgang Klafki herausgehobene Bestimmung von Allgemeinbildung als Bildung für alle zur Selbst- und Mitbestimmung sowie zur Solidaritätsfähigkeit, B. L.) denn nun vor sich gehen mag." Albers (2008, S. 225) bringt es so auf den Punkt:

„Der Bildungsbegriff leidet an einer eigenartigen Ambivalenz. Einerseits ist er einer der am häufigsten verwendeten Begriffe in den Humanwissenschaften, andererseits ist seine Bedeutung überaus vage und seine Verwendung uneinheitlich." Als Konsens könne allenfalls festgehalten werden, dass Bildung die „Ausstattung des Individuums mit jenen Kenntnissen, Fertigkeiten, Fähigkeiten, Einsichten, Haltungen usw. [ist], die es ihm erlaubt, in seinem sozialen, materiellen, historischen und gesellschaftlichen Lebensumfeld eine eigenständige Persönlichkeit auszubilden und aus dieser heraus individuelle, gesellschaftliche und berufliche Aufgaben zu erkennen, verantwortlich zu prüfen und ggf. praktisch tüchtig zu meistern." Im Wesentlichen ist der Kern der meisten Bildungsdefinitionen, dass gebildet zu sein umfasse, eigenverantwortlich reflektiert in einer Gesellschaft lebens- und entscheidungsfähig zu sein. Es bedeute, Informationen kulturell einordnen und kontextualisieren zu können, sie zu Wissen verknüpfen und weiterdenken zu können. Es meine, eigene Meinungen logisch begründen und nuanciert formulieren zu können. Auch bedeute es, Lernen positiv zu konnotieren und als lebenslange Praxis zu erkennen. Im

Jobcenter herrscht aufgrund rechtlicher Vorgaben (Vermittlungsvorrang, Aktivierung, Grundsatz der Wirtschaftlichkeit und Sparsamkeit) ein anderes, verkürztes Bildungsverständnis vor, das eher auf Kommodifizierung abzielt. Es ist ein Utilitaritätsprinzip a la *Mit-mehr-Bildung-ist-man-auf-dem-Arbeitsmarkt-anschlussfähiger*. Es geht bei vielen der kurzzeitigen Trainings-, Orientierungs-, Aktivierungs- und Coaching-Maßnahmen (die dennoch oft als Bildungsmaßnahmen angepriesen werden), nicht um Charakterentwicklung und Wissensaneignung, sondern um die Stärkung der arbeitsmarktlichen Verwertbarkeit. Es soll in ihnen die Konzessionsbereitschaft zur Annahme schlechter Jobs erhöht und die Überzeugung gestärkt werden, dass jeder Job besser sei, als gar keiner Arbeit nachzugehen.

Mittels des Trainings von Selbstvermarktungsstrategien, via Gut-Zureden sowie über subtile Ermahnung der „Kunden", dass Arbeit auch moralisch geboten sei, wird in diesen Kursen versucht, die Menschen dahingehend zu steuern, jeden nicht sittenwidrigen Job nicht nur annehmen zu müssen, was § 10 SGB II ohnehin vorgibt, sondern ihn auch annehmen zu *wollen*. Eine logische Konsequenz dessen wäre, ALG-II-Leistungsbeziehenden solche Fortbildungs- und Coaching-Kurse zuteilwerden zu lassen, die einen echten Einfluss auf deren Vermarkt-lichungschancen haben. Die Kurse sollten entweder die Aufnahme einer Arbeit beschleunigen (Aktivierungs- und Vermittlungstrainings), oder ermöglichen, eine qualitativ höherwertige Arbeit als bisher ausüben zu können (berufliche Weiterbildungen). Sonst machte es keinen Sinn. An beidem hapert es im Jobcenter aber seit Jahren, da die Fortbildungs- und Coaching-Maßnahmen teils von schlechter Qualität sind. Tätigt man eine Internet-Recherche, finden sich diverse Erlebnisberichte von „Kunden", die darlegen, wie sie in Jobcenter-Maßnahmen spazieren gingen, sich Videos ansahen, puzzelten, Spiele spielten oder in einem Trainingssupermarkt „geparkt" wurden, in dem ohne Kunden, dafür aber mit Kunststoffbananen und Spielgeld, agiert wurde (vgl. dazu Knobel-Ulrich 2013, S. 26 f.).

Der Philosoph Thomas Mahler schreibt in seinem „Hartz IV"-Erlebnisbuch *In der Schlange* (2011, S. 121 ff.), dass er während seiner Arbeitslosigkeit zu einem Coaching und Bewerbungstraining von 120 Stunden zugewiesen wurde, dessen Inhalt in keiner Weise auf die Bedürfnisse der Teilnehmenden zugeschnitten war und sich überdies in wenigen Stunden hätte vermitteln lassen können. Darüber hinaus berichten „Kunden" sogar, dass eine Maßnahme ihnen beim Verfassen von Bewerbungen nicht nur nicht geholfen habe, sondern das eigene Selbstvertrauen gar weiter unterminiert habe. In der Online-Ausgabe der Regionalzeitung DER WESTEN vom 17.01.2019 schildert eine 44-jährige „Kundin" des Jobcenters, dass sie sich vom Jobcenter „gedemütigt" fühle. Sie erklärt, dass sie in einer zugewiesenen Maßnahme lernen sollte, Bewerbungen zu schreiben, aber bei der Maßnahme keine Unterstützung erfahren habe. Wörtlich meint sie, der Dozent habe zu ihr gesagt: „'Das ist noch nicht gut', ohne mir genaueres Feedback zu geben. Als ich mehrmals nachfragte, sagte er: ‚Dieser Absatz ist schlecht' und ‚Diese Wortwahl ist schlecht', ohne mir Tipps zu geben, was ich stattdessen schreiben sollte' [...]. Er hat mir das Gefühl gegeben, dumm zu sein. Ich wollte es ja besser machen, wusste aber nicht wie.'" Weiter heißt es im Artikel: „Auch nachdem sie die Bewerbung immer wieder neu geschrieben hatte, sei er noch immer nicht zufrieden gewesen, die Stunde dann vorüber – ohne dass die Arbeitssuchende gelernt hätte, eine gute Bewerbung zu schreiben. [...] ‚Da habe ich verstanden, worüber [sic] es bei den Maßnahmen wirklich geht. Nicht darum, dass wir etwas lernen. Sondern darum, dass wir einen Zeitvertreib haben. Dass wir beschäftigt werden'."

Der Journalist Günter Wallraff, der mit seinem Team im Jobcenter recherchierte und mit Teilnehmenden von Maßnahmen sprach, berichtet von ähnlichen Erfahrungen. In einem Artikel von Kim Sarah Mojecki in DIE WELT vom 17.03.2015 heißt es dazu: „Beim fünfwöchigen Motivationskurs überlegen die Arbeitslosen, was sie auf eine einsame Insel mitnehmen könnten, falls ihr Kreuzfahrtschiff untergeht. Dass sie sich dabei dumm vorkommen, sagen sie dem Dozenten auch deutlich. [...] Zu allem Überfluss müssen die meist über 50-Jährigen auch noch einen Fragebogen ausfüllen, um herauszufinden, welchen Beruf sie in Zukunft ausüben möchten. Bei einem der Teilnehmer lautet der zukünftige Traumjob Astronaut oder Wissenschaftler. Klingt erst mal lustig, den Arbeitssuchenden ist aber nicht nach Lachen zumute. Sie sind wütend und fühlen sich von den Mitarbeitern im Jobcenter nicht ernst genommen. [...] Dass die Workshops nicht viel bringen, zeigt die Statistik: Nur maximal neun Prozent der Suchenden finden danach Arbeit. [...] Wahrscheinlich als Sozialisierungsmaßnahme gedacht wirkt auch die nächste Veranstaltung, die Wallraff, getarnt als Tourist, mitmacht, wie eine hilflose Beschäftigungstherapie der Bundesagentur. Alle paar Wochen sind die Hartz-IV-Empfänger zu einem Ausflug eingeladen. Zum Beispiel ins Museum. Oder, Achtung, um mit einem Lama spazieren zu gehen [...]. Doch auch hier sind viele Teilnehmer ratlos, wie ihnen das helfen soll, einen neuen Job zu bekommen."[17] Von „purer Erniedrigung" in einer Jobcenter-Maßnahme ist in einem Artikel in der Hannoverschen Allgemeinen Zeitung vom 23.02.2019 die Rede. In ihm wird über einen 52-jährigen „Kunden" des Jobcenters Region Hannover berichtet, welcher in seiner Maßnahme eine Bastelanleitung vorgelegt bekam. Er und die anderen Teilnehmenden wurden darin zudem geduzt. In der Anleitung heißt es: „Baut eine Brücke aus dem Material, das ihr bekommen habt." Des Weiteren habe der „Kunde" ein „Ausschneidebild eines Blumenmännchens" und eine „Ausmalvorlage mit einem Bild des Weihnachtsmannes" erhalten. Auch dieser Arbeitslose fragte sich, wie das ihm helfen solle, einen Job zu finden.

Neben dem eigentlichen Inhalt ist auch die Art und Weise, wie „Kunden" die vermeintliche Notwendigkeit einer Bildungsmaßnahme „verkauft" wird, oft fragwürdig. Der Bundesrechnungshof (2017, S. 4-5) hat das Vermittlungs- und Beratungshandeln im Kontext von Maßnahmen, in die Arbeitslose zugewiesen werden, 2017 stichprobenartig untersucht. Er kam zu folgendem Ergebnis: „Die Maßnahme war bei 182 von 617 Leistungsberechtigten (29 %) nicht Bestandteil einer auf den Einzelfall bezogenen Eingliederungsstrategie. Darüber hinaus informierten die Jobcenter in 212 der 617 Fälle (34 %) die Leistungsberechtigten vor Maßnahme-Beginn nicht hinreichend über den mit der Zuweisung verfolgten Zweck und die Inhalte der Maßnahme. [...] Durch ihr nicht zielgerichtetes Vorgehen und die mangelnde Rücksichtnahme auf die Belange der Leistungsberechtigten haben die Jobcenter in einem erheblichen Teil der geprüften Fälle deren unverzügliche Eingliederung nicht gefördert, sondern sogar gefährdet." Summa summarum legen diese Vorkommnisse die Vermutung nahe, dass es bei den Maßnahmen, zu deren Teilnahme das Jobcenter „Kunden" unter Sanktionsandrohung verpflichtet, zumeist nicht in erster Linie um Förderung geht, sondern zu einem erheblichen Teil auch darum, die „Kunden" zu aktivieren, die Maßnahmen zwecks Mittelausschöpfung zu befüllen und die Zahl an Arbeitslosen zu senken. Nicht nur „Kunden", sondern auch

[17] Die Undercover-Recherche, auf der die unten zitierte Passage basiert, lässt sich im Internet abrufen unter https://vimeo.com/122390262 (Stand: 09.12.2019). Die Reportage war ein reges Gesprächsthema unter den Mitarbeitenden der Jobcenter. Der Autor sprach mit 12 Kolleginnen über sie. 9 davon bestätigten die geschilderten Missstände. In einem der Jobcenter, in denen der Autor tätig war, fand sich im Intranet sogar ein Ordner, welcher der Wallraff-Reportage gewidmet war. Darin abgelegt waren Hinweise dazu, wie u. a. im Rahmen der Öffentlichkeitsarbeit auf die Reportage zu reagieren sei.

Beratungskräfte der Jobcenter, von denen einige selbst schon bei Bildungsträgern beschäftigt waren - oder als „Kunden“ eine Maßnahme absolvierten -, berichten über die Fragwürdigkeit von Maßnahmen.[18] Sie verlautbaren, dass Teilnehmende dort regelmäßig unterfordert seien, dass sie mitunter wie Kinder behandelt würden und dass ihr individuelles Bildungsniveau meist unzureichend berücksichtigt werde. Moniert wird von vielen „Kunden“ auch, dass die Zeit, die man in Maßnahmen verbringe zu umfangreich bemessen sei, da die dort vermittelten Inhalte in einem Bruchteil der Zeit thematisiert werden könnten, die veranschlagt ist. Frust und Langeweile seien dann die Folge.[19]

Finden sich nicht genug Erwerbslose, für die ein Kurs passend ist (zumeist wird geschult in Altenpflege, Garten- und Landschaftsbau, Wachschutz, EDV, Logistik, Lager- und Kurierdienste), und ist der Kurs daher unterbesetzt, passiert oft folgendes: Aktionismus macht sich breit. Es werden Sonder-Aktionen erdacht, es wird mehr Zuweisungsengagement eingefordert und es wird bei Planverfehlung eine Pflichterfüllungsquote an pro Berater zu tätigenden Zuweisungen vorgegeben. Dies ist paradox, weil die BA sich gleichzeitig ihres *management by objectives* rühmt (siehe Elsner 2004, S. 102 ff.) und 2010 gar den Controller-Preis erhielt (vgl. Reil 2015). Wenn es um das Erreichen von Maßnahme-Eintritten geht, erinnert das (Wunsch-)Handeln der BA, das im

[18] Dazu ist anzumerken, dass Menschen, die an Maßnahmen teilnehmen, nicht als arbeitslos gelten. Das macht sich politisch insofern gut, als die Zahl an Arbeitslosen dadurch um ca. 892.000 verringert wird (Stand: November 2018). Der Direktor des Instituts für Sozialpolitik und Arbeitsmarktforschung, Stefan Sell, bezeichnete MAbE im Deutschlandfunk Kultur am 30.08.2017 als „quick & dirty“, da sie teils fragwürdig seien, kaum Einfluss auf die Integration in Arbeit hätten und primär der Statistik dienten. Wörtlich meint er: „Sie müssen auch bedenken, dass jemand, der eine Acht-Wochen-Maßnahme macht, die vielleicht auch noch sehr fragwürdig ist, der zählt statistisch nach dieser Zeit dann nicht mehr als Langzeitarbeitsloser. Seine Karriere beginnt von Neuem, das ist natürlich totaler Unsinn!“

[19] Anzumerken ist, dass Weiterbildungskurse (FbW), die sich auch Menschen richten, die keine Leistungen des Jobcenters oder der Arbeitsagentur erhalten, tendenziell von besserer Qualität sind als solche Kurse, die nur Arbeitslose als Zielgruppe haben. Viele Bildungsträger, die Kurse anbieten, nach deren Absolvierung man ein trägerübergreifendes Zertifikat erhält, richten sich sowohl an Selbstzahler wie auch an Menschen, die Bildungsgutscheine erhalten. Deren Weiterbildungskonzept und auch deren Dozenten sind meist besser, als dies bei Bildungsträgern der Fall ist, die sich primär auf „Kunden“ der AfA bzw. des Jobcenters spezialisiert haben. Das ist kaum verwunderlich, denn selbstzahlende Kunden sind echte Kunden, die etwaige Qualitätsmängel auch reklamieren sowie sprichwörtlich mit den Füßen abstimmen können.

Jobcenter umgesetzt werden soll, aber eher an eine zentralistische Bürokratie (vgl. Kirsch et al. 2010, S. 118), die prospektiv quartalsmäßige Soll-Erfüllungsvorgaben festlegt. Die Konsequenz ist, dass Integrationsfachkräfte unter hohem Druck stehen, die eingekauften Maßnahmen zum Start möglichst voll zu besetzen und dann auch nachzubesetzen, wenn „Kunden“ vorzeitig ausscheiden. Denn in den Verträgen zwischen Jobcenter und Bildungsträger verpflichtet sich das Jobcenter meist, dem Bildungsträger, der den Kurs durchführt, eine bestimmte Zahl an Teilnehmenden zu garantieren.

Um die geforderten Zahlen zu liefern, geschieht es dann ziemlich häufig, dass salopp gesagt einfach jene „Kundin“, die gerade im Büro sitzt, in den nächstbesten unterbesetzten Kurs zugewiesen wird. Oder die „Kundin“ wird dahingehend beraten, bitte sofort darin einmünden zu „wollen“. Trotz dieser Kritik an der mangelnden Qualität in vielen Aktivierungs- und Vermittlungsmaßnahmen, ist die Zahl an Teilnehmenden in den qualitativ ungleich höherwertigen Förderungen der beruflichen Weiterbildung (FbW), die z. B. auf einen Berufsabschluss vorbereiten oder mit einem am Arbeitsmarkt anerkannten IHK-Zertifikat abschließen, seit 2014 rückläufig. Becher (2018) verweist darauf, dass 2017 noch ca. 154.000 Personen eine FbW zuteilwurde, dass FbW im Verhältnis zu allen arbeitsmarktpolitischen Fördermaßnahmen aber deutlich an Bedeutung verloren hätten: „Während 2015 noch 19,1 Prozent der Förderungen auf FbW-Maßnahmen entfiel, sank der Anteil in den Folgejahren bis auf 17,2 Prozent im Jahr 2017 ab. Der Rückgang der Teilnehmerzahlen findet seit 2013 - mit einer Ausnahme in 2015 - einzig auf der Seite der Hartz-IV-Empfänger, nicht aber auf der Seite der Arbeitslosengeldempfänger statt. [...]. Diese Entwicklung erscheint vor allem deshalb widersinnig, weil sich gerade im Hartz-IV-System besonders viele Personen ohne Berufsabschluss finden [...].“

In der Tagesschau vom 25.01. 2019 wurde das Thema der unzureichenden Weiterbildungsförderung ebenfalls aufgegriffen. Auf der ARD-Internetpräsenz heißt es dazu: „Mehr als ein Viertel der Mittel für die berufliche Weiterbildung und Unterstützung von Arbeitslosen bleibt in Deutschland ungenutzt. Von 3,93 Milliarden Euro, die die Arbeitsagentur im vergangenen Jahr Beziehern von Arbeitslosengeld I dafür bereitstellte, blieben 1,09 Milliarden übrig. [...] 2014 waren es laut BA noch 1,02 Milliarden Euro für entsprechende Maßnahmen für Arbeitslose, die ungenutzt blieben.“ Kurzum wird im Jobcenter weit mehr Geld für Aktivierungs- und Coaching-Maßnahmen ausgegeben als für echte berufliche Weiterbildung. Dennoch werden diese „Schmalspur"-Maßnahmen den „Kunden" oftmals unter dem Schlagwort (Weiter-)Bildung verkauft.

Coaching

In vielen Maßnahmen zur Aktivierung und beruflichen Eingliederung bildet Coaching einen zentralen Bestandteil. Die Vorstellung dessen, was Coaching ist, unterscheidet sich allerdings deutlich von dem, was üblicherweise darunter verstanden wird. Gemeinhin wird Coaching definiert als „Form einer Beratungsbeziehung realisierte individuelle Einzelberatung, Begleitung und Unterstützung von Personen mit Führungs- bzw. Managementfunktionen", deren Ziel es ist, „bei der Bewältigung der Aufgaben der beruflichen Rolle zu helfen" (Looss und Rauen 2005, S. 157). Der *Deutsche Bundesverband Coaching e. V.* (2019) definiert Coaching auf seiner Homepage als „professionelle Beratung, Begleitung und Unterstützung von Personen mit Führungs-/Steuerungsfunktionen und von Experten in Unternehmen/Organisationen." Schreyögg (2003, S. 11 f., zitiert nach Böning 2015, S. 8) versteht darunter eine Interaktionsform, bei der „Führungskräfte ‚unter vier Augen' oder in einer Kleingruppe alle für sie aktuell relevanten Fragestellungen mit einem Coach [verhandeln]. [...] Daneben dient es als Dialogform über ‚Freud und Leid' im Beruf, denn hier erhalten alle beruflichen Krisenerscheinungen, aber auch alle Bedürfnisse nach beruflicher Fortentwicklung den ihnen gebührenden Raum."

Es könnten hier noch viele weitere Definition von Coaching aufgelistet werden, die sich in ihren Schwerpunktlegungen leicht unterscheiden. Eine Konstante beim Gros der Definitionen ist aber, dass es zumeist heißt, dass Coaching eine Interaktionsform sei, die (1) auf gleicher Augenhöhe zwischen Coach und Coachee abliefe, (2) die der Verhaltensreflexion diene und keine Fachberatung beinhalte, (3) in der berufliche Anliegen und Herausforderungen thematisiert würden und die sich (4) primär an Hochqualifizierte mit Leitungsverantwortung richte. Geringqualifizierte Langzeitarbeitslose werden zumeist nur von Maßnahmeträgern, die solche Coachings im Auftrag des Jobcenters anbieten, als Zielgruppe genannt. Darüber hinaus handelt es sich bei der Art des Coachings, wie es von Maßnahmeträgern durchgeführt wird, zumeist um inhaltlich orientierte Beratung. Es steht keine berufliche Verhaltensreflexion im Vordergrund. Wie auch, wenn die Coachees arbeitslos sind? Im Gros der Fälle beinhaltet das Coaching hier ganz konkrete Tipps z. B. bezüglich der Frage, wie man in Bewerbungsgesprächen auftreten solle. Auch sind alltagspraktische Hilfestellungen, die sozialpädagogisch konnotiert sind, bei Maßnahmeträgern nicht selten Teil des Coachings. Das ist kein Coaching im üblichen Verständnis des Wortes.

Dass die Dienstleistung dennoch so genannt wird, liegt daran, dass der Begriff Coaching positiv besetzt ist. Er wird mit Erfolg und Leistungsorientierung assoziiert. Üblicherweise gilt es gar als Statussymbol, einen Coach zu haben und sich coachen zu lassen (zur Diskussion um den Coaching-Begriff siehe Wegener et al. 2013, S. 11). Bei „Kunden" des Jobcenters ist das anders. Hier gilt das Gecoacht-Werden eher als Indikator für unterstellte Hemmnisse statt als Unterstützung dabei, noch erfolgreicher zu werden. Letzteres wird mit Coaching im Arbeitskontext in der Regel verbunden. Im Jobcenter gilt das nicht. Dass das Coaching Erwerbsloser herausfordernd ist, legt Ebermann (2018) dar. Er meint: „Wie jedes kommerzielle Angebot folgt auch das Coaching marktwirtschaftlichen Logiken und versucht, neue Märkte zu erschließen. Dies beinhaltet, dass es sich neue Zielgruppen sucht. Ein Produkt dieser Entwicklung ist das Coaching Langzeiterwerbsloser. Diese sollen bei der Eingliederung in den Arbeitsmarkt unterstützt werden. Sich neuen Zielgruppen zuzuwenden, bedeutet jedoch auch, in neuen Kontexten tätig zu werden. Der Kontext des sogenannten Job-Coachings geht mit - teils spezifischen, teils intensivierten - ethischen Herausforderungen einher, die es dringend zu berücksichtigen gilt."

Das zu berücksichtigende ethische Problem ist, dass das Coaching, das seitens des Jobcenters finanziert wird, kaum je freiwillig stattfindet, dass die freie Coach-Wahl nicht immer gegeben ist und dass die Vertraulichkeit dessen, was Coach und Coachee besprechen, nicht gegeben ist. Wie bei der Beratung, welche direkt vom Jobcenter angeboten und geleistet wird, ist es auch bei der Dienstleistung Coaching so, dass „Kunden" sich dieser nur bedingt entziehen können. Wenn Integrationsfachkräfte meinen, dass ihre „Kunden" ein Coaching nötig hätten, vereinbaren sie mit diesen in der Regel via Eingliederungsvereinbarung (EinV) die Coaching-Teilnahme. Bei dieser „Vereinbarung" handelt es sich aber kaum je um eine echte Vereinbarung. In der Regel bestimmt der Berater, was in die EinV aufgenommen wird. Weigert der

„Kunde“ sich, diese zu unterschreiben, kann er einseitig verpflichtet werden, am Coaching teilzunehmen. Der von Heiko Kleve (2017) postulierte Satz „Der Coach eröffnet einen Raum, in dem sich etwas ereignen kann, ohne zu wissen, was das Ergebnis sein wird“, gilt in der Form des Coachings, zu dem das Jobcenter „Kunden“ verpflichtet, nicht, da das Jobcenter-Coaching immer darauf abzielen muss, schnellstmöglich eine Arbeitsaufnahme zu erreichen. Was sich ereignen muss, ist eo ipso gesetzt, weil Beschäftigungsorientierung prioritär gegenüber Bildungsüberlegungen und alternativen Lebensentwürfen ist, welches zu erarbeiten ansonsten durchaus auch Ziele in einem freiwilligen Coaching sein können.

Da es vom Gesetzgeber so gefordert ist, sehen Coaching-Konzeptpapiere, mittels derer freie Anbieter ihre Kurse im Jobcenter bewerben, die Beschäftigungsorientierung als ausdrückliches Ziel vor. Im Jobcenter gibt es zwei Wege, wie „Kunden“ ein Coaching zuteilwerden kann. Das kann zum einen mittels Ausgabe eines Aktivierungs- und Vermittlungsgutscheins (AVGS) geschehen. Es ist zum anderen über die Zuweisung in eine Vergabemaßnahme mit Coaching-Anteilen möglich. Bei AVGS verhält es sich so, dass die „Kunden“ einen Gutschein ausgehändigt oder postalisch übersandt bekommen, den sie bei einem lokalen Bildungsträger ihrer Wahl einlösen können, sofern dieser für Coachings zertifiziert ist nach der Akkreditierungs- und Zulassungsverordnung Arbeitsförderung (AZAV). Die „Kunden“ haben zwar eine freie Maßnahmeträger-Wahl, in der Praxis finden sich gerade in kleinen Städten aber oft nur zwei oder drei Maßnahmeträger, die einen AVGS annehmen. Die Auswahl der Coaches ist somit oftmals schon infrastrukturell bedingt beschränkt. Bei den Coachings, die im Rahmen von Vergabemaßnahmen stattfinden, hat der „Kunde“ keinerlei Einfluss auf die Wahl des Coaches, weil er einem Maßnahmeträger zugewiesen wird, der den Coach bestimmt.

Die Vergabe erfolgt nach öffentlicher Ausschreibung, in der die BA darlegt, welche Dienstleistung sie angeboten wissen will, woraufhin sich Bildungsträger bewerben und Leistungsangebote einreichen können. Die Vergabemaßnahmen werden im Rahmen der Entscheidung, welche eingekauft wird, von Maßnahme-Wertern geprüft. Diese gleichen die Angebote mit den ausgeschriebenen Erwartungen ab und geben eine Einkaufsempfehlung. Die Konsequenz dieses Vorgehens ist, dass sich „Kunden“ vorab kein Bild davon machen können, ob sie mit einem Coach „warm werden“ bzw. sich eine Zusammenarbeit vorstellen können. Sie werden zur Zusammenarbeit mit dem Coach verpflichtet. Bei einer Interaktionsform, die nur dann gelingt, wenn ein grundsätzliches Vertrauen zwischen Coach und Coachee gegeben ist, ist das problematisch. In einem von echten Kunden selbst gezahlten bzw. vom Arbeitgeber finanzierten Coaching ist es so, dass das, was Coach und Coachee besprechen, nicht an andere weitergetragen wird. Der Coachee kann sich darauf verlassen, dass sein Coach Stillschweigen über das bewahrt, was im Coaching thematisiert wird. Wenn das Jobcenter das Coaching bezahlt, ist dem allerdings nicht so. Ganz im Gegenteil wird seitens der Beratenden im Jobcenter erwartet, dass die Coaches zurückmelden, was sie mit den „Kunden" besprochen haben.

Die Verträge, die die Bildungsträger mit dem Jobcenter bzw. der Bundesagentur für Arbeit eingehen, halten in der Regel fest, dass die erbrachte Dienstleistung nachgewiesen werden muss. Dafür existieren in manchen Jobcentern normierte Rückmeldebögen. Zumeist ist es so, dass den Bildungsträgern, die ein Coaching durchführen, ein selektiver Zugriff auf das Jobcenter-EDV-System VerBIS erteilt wird, damit diese ihre Rückmeldebögen direkt ins System einstellen können, wo der Jobcenter-Berater sie dann lesen kann. Auch im Rahmen des sogenannten Absolventenmanagements erörtert der Berater mit seinem „Kunden", was dieser mit seinem Coach in der Maßnahme besprochen hat. Hinzu kommt, dass diverse Vergabemaßnahmen existieren, in denen neben dem Einzel-Coaching auch Gruppen-Coaching Teil der Maßnahme ist. Es sitzen dann mehrere „Kunden" mit einem Coach im Raum und sprechen über Dinge, die den privaten Lebensbereich empfindlich tangieren können. Das führt dazu, dass neben dem Coach und dem Jobcenter-Berater auch „Kunden" private Dinge über die Lebenssituation anderer „Kunden" erfahren. Selbsthilfegruppen zeugen davon, dass diese Kommunikation in der Gruppe konstruktiv sein kann, da ein Austausch in der Gruppe der Ideenfindung dienlich sein kann. Auch kann das potenziell beruhigende Empfinden gestärkt werden, mit den eigenen Problemen und Ängsten nicht allein zu sein. Das allerdings setzt voraus, dass das Gruppen-Coaching freiwillig erfolgt. Dass dies im Coaching-Kontext des Jobcenters nicht gegeben ist, ist problematisch.

Sanktionen feststellen

Eine letzte sprachliche Besonderheit im Jobcenter, die hier Erwähnung finden soll, findet sich im Hinblick auf Sanktionen. In der Alltagssprache fast aller Menschen, die mit dem Jobcenter zu tun haben, heißt es, dass Sanktionen verhängt oder ausgesprochen werden. Die von Sanktionen betroffenen Menschen äußern, so die Erfahrung des Autors in seinen Beratungsgesprächen im Jobcenter, Fragen wie „Warum wurde ich sanktioniert" oder Sätze wie „Sie haben mich sanktioniert". Beide Formulierungen gehen laut Bundesagentur für Arbeit allerdings fehl, zumal Sanktionen gemäß diverser BA-interne Dokumente nicht etwa ausgesprochen oder verhängt, sondern *festgestellt* werden. Es heißt in Jobcenter-Schreiben regelmäßig nicht, dass „Kunden" sanktioniert werden. Es heißt, dass ihnen gegenüber eine Sanktion festgestellt wird. Der Standard-Textbaustein, der in einem Schreiben ergeht, in dem „Kundinnen" z. B. über die vollständige Geldkürzung in Kenntnis gesetzt werden (was seit dem Bundesverfassungsgerichtsurteil vom 05.11.2019 nicht mehr möglich ist), lautet: „für die Zeit vom [Datum] bis [Datum] (Minderungszeitraum) wird ein vollständiger Wegfall Ihres Arbeitslosengeldes II festgestellt." Hinzu kommt, dass das Wort *Sanktion* in den Sanktionsbescheiden des Jobcenters durch den weniger negativ aufgeladenen Ausdruck *Leistungsminderung* ersetzt ist.

Das Konstrukt, von einem *Feststellen* statt einem Verhängen von Leistungsminderungen zu sprechen, ist bemerkenswert insofern, als es Passivität aufseiten der Sanktionierenden impliziert, denen demnach eine rein observierende - eben nur feststellende statt handelnde - Rolle zukommt. Diese Passivierung ist widersinnig, denn es sind stets die Mitarbeitenden des Jobcenters, die eine Sanktion aussprechen. Zu suggerieren, dass die Mitarbeitenden diese lediglich feststellten, geht fehl. Die Mitarbeitenden stellen keineswegs nur fest, dass ein (Nicht)Handeln von Leistungsbeziehenden sanktionsbeschwert ist. Sie entscheiden das. Die Mitarbeitenden betrachten, werten und bescheiden das (Nicht-)Handeln von „Kunden". Das sind aktive Handlungsvollzüge. Durch das Reden vom *Feststellen* wird impliziert, dass die Sanktionierten die volle Verantwortung für ihr als regelabweichend gewertetes Handeln zu übernehmen hätten. Bemerkenswert ist das insofern, als damit eine Verhältnisumkehr der Aktivitätsdogmatik stattfindet. Im Jobcenter gelten üblicherweise die persönlichen Ansprechpartner als die Aktiven – und die Leistungsbeziehenden als die *zu Aktivierenden*. Im Kontext des Sanktionierens wird indes der Anschein erweckt, als sei der pAp, der über eine Sanktion entscheidet, außen vor. Er ist es aber nicht. Er hat Ermessensspielraum bzgl. der Frage, was er als wichtigen Grund für ein pflichtwidriges Verhalten wertet.

Ob etwas eine Sanktion nach sich zieht, hängt daher keineswegs nur an der Person des „Kunden". Es ist auch abhängig von der Wertung des pAp. Verstärkt wird die Entkopplung des Strafens von den strafenden Personen noch dadurch, dass über eine Sanktion vom pAp entschieden wird, die Bescheidung der Sanktion aber durch die Leistungsabteilung erfolgt. Auf dem Sanktionsbescheid findet sich nicht der Name des pAp, der die Sanktion feststellt. Es findet sich darauf entweder der Name des Mitarbeiters in der Leistungsabteilung, der den Vorgang bearbeitenden, oder - weit häufiger - nur die Bezeichnung der bearbeitenden Abteilung. Auch dadurch wird ein Nicht-Zusammenhang von aktivem Sanktionieren und Ergehen des Sanktionsbescheides impliziert. Evident wird durch diese Passivierung eine Entkoppelung der Sanktion vom Akt des Sanktionierens. Dieser wird überdies noch durch die sprachliche Verfremdung als Leistungsminderung kaschiert. Die Entkopplung zeigt sich auch darin, dass es in Briefen des Jobcenters nicht etwa heißt „Wir mindern ihr Arbeitslosengeld II". Es heißt darin: „Ihr Arbeitslosengeld II *wird* gemindert". Die im Jobcenter Tätigen, die eine Minderung vornehmen, bleiben - indes nur im Sanktionsfall - als Akteure außen vor.

Fazit

Die Darlegungen haben gezeigt, dass die Art und Weise, wie im Jobcenter bestimmte Begriffe verwendet werden, sich deutlich von dem unterscheidet, wie das Gros der „Kunden" des Jobcenters diese Begriffe auffasst bzw. wie diese außerhalb der Grundsicherungsarbeit zumeist Verwendung finden. Dies führt regelmäßig zu Fehlkommunikationen im Jobcenter und auch dazu, dass sogenannte „Kunden" sich manches Mal verhöhnt vorkommen, wenn sie euphemistisch von Einladungen, Angeboten und Vorschlägen lesen, die sie nicht ausschlagen können. Der Autor hat das in den 5 ½ Jahren, die er in 3 Jobcenter arbeitete, häufig erlebt. Nicht ohne Grund schreibt Anne Ames (2009 S. 171) die bereits vor gut 10 Jahren Gespräche sowohl mit „Kunden" wie auch mit persönlichen Ansprechpartnern in mehreren Jobcentern geführt hat, dass sich in der Art der behördlichen Erwartungen und in der Bewertung des vermeintlich erwartungswidrigen Verhaltens „vielfältige Formen von Kommunikationsstörungen zwischen Klienten und Behördenmitarbeitern“ zeigten. Treffend konstatiert Ames, dass die Mitarbeiterinnen „zu wenig Zeit, häufig nicht die Qualifikation und insbesondere nicht den Freiraum [haben], um in der Kommunikation mit den Klienten deren Motive, Probleme und Lebensumstände kennenzulernen und zu berücksichtigen.“ Es gibt viele Gründe für diese Probleme. Die Art, wie Worte im Jobcenter mit Bedeutungen aufgeladen werden, ist einer der Gründe. Bemerkenswert ist das, da die Bundesagentur für Arbeit sich durchaus bewusst ist, wie wichtig es ist, mit „Kunden“ in einer Sprache zu sprechen, die diese verstehen. Der ehemalige BA-Vorsitzende, Frank Jürgen Weise, äußert sich im *Sprachleitfaden* der BA (2013, S. 3) immerhin so:

„Die BA ist ein kundenorientierter Dienstleister. Wichtig ist deshalb, wie wir mit unseren Kundinnen und Kunden sprechen. Dies gilt nicht nur für den persönlichen Kontakt, sondern auch für die zahlreichen Schreiben, die wir bundesweit an unsere Kunden senden. Eine kundenorientierte Sprache beeinflusst die positive Wahrnehmung der BA wie unser Corporate Design. [...] Unsere Schreiben haben für unsere Kundinnen und Kunden oft weit reichende Konsequenzen. Die Schreiben müssen vor allem rechtssicher und verständlich sein. Sie sollen aber auch freundlich wirken. Davon ist abhängig, wie glaubwürdig die BA von der Öffentlichkeit als kundenorientierter Dienstleister wahrgenommen wird. [...] Alle Schreiben, die unser Haus verlassen, sollten so unbürokratisch wie möglich formuliert sein – klar, persönlich, partnerschaftlich und zeitgemäß.“ Dass die Kommunikationspraxis mitnichten so ist, wie Herr Weise sie als Ideal darstellt, wurde auf den vorangestellten Seiten aufgezeigt. Wenn Worte wie Einladungen, Vereinbarungen und Kunden abweichend von ihrer normalsprachlichen Bedeutung sinnentleert werden, ist das kein Service, sondern einfach Zynismus – oder unreflektierte Ignoranz (was kaum besser ist).

Wenn Einladungen faktisch sanktionsbeschwerte Vorladungen sind, Eingliederungsvereinbarungen einseitig bestimmt werden, Kunden „Kunden“ genannt, aber nicht wie solche behandelt werden, in Gesprächen oft nur Defizite der „Kunden“ ein Thema sind, Berater „Kunden“ „betreuen“, was ein Machtgefälle signalisiert, Maßnahme-Angebote Zuweisungen sind und „Kunden“ sich beim Darlegen der Ergebnisse ihrer Arbeitssuche verhört sowie nicht unterstützt vorkommen, kann von einer klaren, persönlichen, partnerschaftlichen und zeitgemäßen Kommunikation keine Rede sein. Serviceorientiert wäre es, mehr Ehrlichkeit in der Kommunikation walten zu lassen und den evidenten Zwangscharakter, der die Interaktion von Leistungsberechtigten und Mitarbeitenden im Jobcenter prägt, auch in der Verwaltungssprache anzuerkennen, ohne ihn durch Bedeutungsumdeutungen zu kaschieren. Ehrlich wäre es, Einladungen als Vorladungen, „Kunden“ als Leistungsempfänger und Angebote als Zuweisungen zu bezeichnen. Ehrlich wäre es, nicht von Betreuung zu besprechen, sondern von Zuständigkeit, nicht von persönlichen Ansprechpartnern, sondern von vielen Ansprechpartnern – und nicht von Bildung, sondern von Vermarktlichung.

Zum Abschluss sei auf ein Zitat des Begründers der Gewaltfreien Kommunikation, Marshall B. Rosenberg, verwiesen. Er sagte: „Du kannst Dich jederzeit entscheiden, wie du die Worte deines Gegenübers aufnimmst, die Macht liegt bei dir.“ Entscheidend ist in der Kommunikation nicht nur, was man sagt, sondern auch, was beim anderen ankommt. Die besondere Sprachverwendung im Jobcenter bewirkt allzu oft, dass das Gesagte bei den Leistungsberechtigten anders aufgenommen wird, als es die Integrationsfachkräfte beabsichtigen. So entsteht Fehlkommunikation. Daran zu arbeiten, das durch mehr Ehrlichkeit zu ändern, liegt in der Macht der Mitarbeitenden im Jobcenter. Sie können anders mit den sie aufsuchenden Bürgern kommunizieren. Ob sie es allerdings auch *wollen*, steht auf einem anderen Blatt.

Literatur[20]

Achatz, J. et al.: Alleinerziehende Mütter im Bereich des SGB II. Eine Synopse empirischer Befunde aus der IAB-Forschung. Nürnberg 2013. Abrufbar unter: http://doku.iab.de/forschungsbericht/2013/fb0813.pdf

Albers, H. J.: Bildung und Weiterbildung - technischer Fortschritt und Qualifikation. In: May, H. (Hrsg.): Handbuch zur ökonomischen Bildung. München 2008, S. 223-238

Alt, H.: Hartz IV und Bundesagentur für Arbeit. Für eine Kultur der Wertschätzung. Gastkommentar in der Frankfurter Rundschau vom 01.05.2015. Abrufbar unter: https://www.fr.de/meinung/eine-kultur-wertschaetzung-11168633.html

Ames, A.: Arbeitssituation und Rollenverständnis der persönlichen Ansprechpartner/-innen nach § 14 SGB II. Studie der Hans-Böckler-Stiftung. 2008a. Abrufbar unter: https://www.boeckler.de/pdf_fof/96612.pdf

Ames, A.: Ursachen und Auswirkungen von Sanktionen nach § 31 SGB II. Studie im Auftrag der Hans-Böckler-Stiftung. 2009. Abrufbar unter: https://www.boeckler.de/pdf/p_edition_hbs_242.pdf

Ames, A.; Jäger, F.: Die Arbeitsverwaltung als omnipotente Sozialarbeiterin - oder der Bock als Gärtner. Zur Korrumpierung sozialarbeiterischer Begriffe und Konzepte durch das SGB II. In: Widersprüche, 26. Jg., 06/2006, S. 75-82

Antidiskriminierungsstelle des Bundes: Diskriminierung in Deutschland. 2017. Abrufbar unter: https://www.antidiskriminierungsstelle.de/SharedDocs/Downloads/DE/publikationen/BT_Bericht/Gemeinsamer_Bericht_dritter_2017.pdf?__blob=publicationFile&v=12

Baethge-Kinsky, V.; Bartelheimer, P.; Henke, J.: Fachkonzept „Beschäftigungsorientiertes Fallmanagement im SGB II". Abschlussfassung des Arbeitskreises, Nürnberg 2004

Baethge-Kinsky, V.; Bartelheimer, P.; Henke, J.: Fallbearbeitung nach SGB II - Beobachtungen aus dem Inneren der „black box". In: WSI Mitteilungen 2/2007, S. 70-77. Abrufbar unter: https://www.wsi.de/data/wsimit_2007_02_baethge-kinsky.pdf

Bartelheimer, P.: Moderne Dienstleistungen und Erwerbsfürsorge. Fallbearbeitung nach SGB II als Gegenstand soziologischer Forschung. In: SOFI-Mitteilungen Nr. 33, 2005, S. 55-79. Abrufbar unter: http://www.sofi.uni-goettingen.de/fileadmin/Publikationen/SOFI-Mitteilungen_33_Bartelheimer_Dienstleistungen.pdf

[20] Die Aktualität der aufgelisteten Links wurde zuletzt am 04.01.2020 geprüft.

Becher, L.: Weniger Weiterbildungen mit Berufsabschluss, vor allem für Hartz-IV-Empfänger. Artikel auf O-Ton Arbeitsmarkt vom 04.07.2018. Abrufbar unter: http://www.o-ton-arbeitsmarkt.de/o-ton-news/weniger-weiterbildungen-mit-berufsabschluss-vor-allem-fuer-hartz-iv-empfaenger

Behrend, O.: Aktivieren als Form sozialer Kontrolle. In: Aus Politik und Zeitgeschichte, Nr. 40-41, 2008a, S. 16-21. Abrufbar unter: https://www.bpb.de/shop/zeitschriften/apuz/30935/arbeitslosigkeit-psychosoziale-folgen

Behrend, O.; Ludwig-Mayerhofer, W.: Sisyphos motivieren, oder: Der Umgang von Arbeitsvermittlern mit Chancenlosigkeit. In: Zeitschrift für Sozialreform, Heft 1, 2008, S. 37-55

Bender, S. et al.: Erwerbsfähige Hilfebedürftige im SGB II. Aktivierung ist auch in der Krise sinnvoll. IAB-Kurzbericht 19/2009. Abrufbar unter: http://doku.iab.de/kurzber/2009/kb1909.pdf

Berlit, U.: Sanktionen im SGB II - nur problematisch oder verfassungswidrig? In: info also 5/2013, S. 195-205

Böhringer, D.; Wolff, S.: Mit dem PC im Gespräch. In: Böhringer, D. et al.: Den Fall bearbeitbar halten: Gespräche in Jobcentern mit jungen Menschen. Opladen, Berlin und Toronto 2012, S. 212-238

Böning, U.: Coaching jenseits von Tools und Techniken. Berlin und Heidelberg 2015

Brendherm, R.: Vorbemerkungen. 2015, S. 5. In: Reis, C.; Siebenhaar, B.: Befähigen statt aktivieren. Aktueller Reformbedarf bei Zielsetzung und Aufgabenstellung im SGB II. Expertise im Auftrag der Abteilung Wirtschafts- und Sozialpolitik der Friedrich-Ebert-Stiftung. 07/2015. Abrufbar unter: http://library.fes.de/pdf-files/wiso/ 11528.pdf

Bröckling, U.: Das unternehmerische Selbst. Frankfurt a. M. 2007

Brunsson, N.: The Consequences of Decision-Making. New York 2007

Brütt, C.: Workfare als Mindestsicherung: Von der Sozialhilfe zu Hartz IV. Deutsche Sozialpolitik 1962 bis 2005. Bielefeld 2011

Bude, H.: Beratung als trivialisierte Therapie. In: Zeitschrift für Pädagogik. Heft 3. Weinheim 1988, S. 369-380

Bundesagentur für Arbeit (BA): Arbeitsmarkt für Alleinerziehende in Deutschland 2016. Nürnberg 2017. Abrufbar unter: https://statistik.arbeitsagentur.de/Statistikdaten/Detail/201612/analyse/analyse-arbeitsmarkt-alleinerziehende-bund/analyse-arbeitsmarkt-alleinerziehende-bund-d-0-201612-pdf.pdf

Bundesagentur für Arbeit (BA): Der Sprachleitfaden der Bundesagentur für Arbeit. Nürnberg 2013a

Bundesagentur für Arbeit (BA): Reader BA-Beratungskonzeption. Nürnberg 2012

Bundesagentur für Arbeit (BA): Reader BA-Beratungskonzeption. Nürnberg 2012

Bundesagentur für Arbeit (BA): Handbuch Neukundenprozess. Internes Dokument. Nürnberg 2010. Abrufbar unter: https://harald-thome.de/fa/harald-thome/files/Handbuch-Neukundenpro-ess-01.03.2010.pdf

Bundesagentur für Arbeit (BA): Beratungskonzeption der Bundesagentur für Arbeit - Grundlagen. Internes Dokument. Nürnberg 2011

Bundesrechnungshof (BRH): Abschließende Mitteilung an das Bundesministerium für Arbeit und Soziales über die Prüfung der Zuweisung und Durchführung von Präsenzmaßnahmen im Rechtskreis des SGB II. Bonn 2017. Abrufbar unter: https:// www.bundesrechnungshof.de/de/veroeffentlichungen/produkte/pruefungsmitteilungen/langfassungen/2017/2017-pm-zuweisung-und-durchfuehrung-von-praesenzmassnahmen-im-rechtskreis-des-sgb-ii-pdf

Bundesverfassungsgericht (BVerfG): Sanktionen zur Durchsetzung von Mitwirkungspflichten bei Bezug von Arbeitslosengeld II teilweise verfassungswidrig. Pressemitteilung Nr. 74/2019 vom 5. November 2019. Abrufbar unter: https://www.bundesverfassungsgericht.de/SharedDocs/Pressemitteilungen/DE/2019/bvg19-074.html

Bürgi, A.; Eberhart, H.: Beratung als strukturierter und kreativer Prozess. Ein Lehrbuch für die ressourcenorientierte Praxis. Göttingen 2004 (zitiert nach Rübner, M.; Sprengard, B.: Beratungskonzeption der Bundesagentur für Arbeit - Grundlagen. Nürnberg 2011, S. 28)

Burkart, T.: Beratung beim Lösen komplexer Probleme. Frankfurt a. M. 1995

Butterwegge, C.: Rechtfertigung, Maßnahmen und Folgen einer neoliberalen (Sozial-)Politik. In: Butterwegge, C. et al.: Kritik des Neoliberalismus. Wiesbaden 2017, S. 135-220

Chassé, K. A.: Konstruktionen zur Unterschicht und ihre Bedeutung. Beitrag zur Ad-Hoc-Gruppe »Hartz IV als Stigma? – Zur Zuschreibung individuell verantworteter Unzulänglichkeit«. 2017. Abrufbar unter: http://publikationen.soziologie.de/index.php/kongressband_2016/article/view/543

Culley, S.; Bond, T.: Integrative Counselling Skills in Action. Los Angeles, London, New Delhi, Singapore & Washington DC 2011

Der Westen: „Pure Erniedrigung" - Hartz-IV-Empfängerin packt aus. Veröffentlicht am 17.01.2019. Abrufbar unter: https://www.derwesten.de/panorama/hartz-iv-agentur-fuer-arbeit-id216226573.html

Deutscher Landkreistag: Kommunale Jobcenter – Erfolgreich für Langzeitarbeitslose des Deutschen Landkreistages. Berlin 2016. Abrufbar unter: https://www.landkreistag.de/images/stories/publikationen/bd-131.pdf

Deutscher Verband für Bildungs- und Berufsberatung e. V. (DVB): Professionelle Bildungs- und Berufsberatung – Positionen des dvb – Verabschiedet in der dvb-Mitgliederversammlung am 23.04.2016. Abrufbar unter: https://www.dvb-fachverband.de/fileadmin/medien/grundsatzpapiere_dvb/2016_04_23_Grundlagenpapier.pdf

Dietrich, G.: Allgemeine Beratungspsychologie. Göttingen 1983

Dingeldey, I.: Between workfare and enablement - The Different Paths to Transformation of the Welfare State: A Comparative Analysis of Activating Labour Market Policies. In: European Journal of Political Research 46 (6), 2007, pp. 823-851

Ebermann, D.: Coaching als Teil der Arbeitslosenindustrie. Ethische Herausforderungen beim Coaching Langzeiterwerbsloser. In: Coaching-Magazin Nr. 03 aus 2018. Abrufbar unter: https://www.coaching-magazin.de/philosophie-ethik/coaching-als-teil-der-arbeitslosenindustrie

Egan, G.: Exercises in Helping Skills. A Manual to Accompany the Skilled Helper. Pacific Grove, CA 2002a (zit. nach Rübner, M.; Sprengard, B.: Beratungskonzeption der Bundesagentur für Arbeit - Grundlagen. Nürnberg 2011, S. 28)

Egan, G.: The Skilled Helper. Pacific Grove, CA, 2002b (zit. nach Rübner, M.; Sprengard, B.: Beratungskonzeption der Bundesagentur für Arbeit - Grundlagen. Nürnberg 2011, S. 28)

Einsiedler, E.: Perspektive Qualität. Internes Dokument der Bundesagentur für Arbeit. Nürnberg 2012. Abrufbar unter: https://www.nachdenkseiten.de/upload/pdf/121213_bundesagentur_analyse.pdf

Elsner, M.: Vom regel- und verfahrensorientierten Staatsdiener zum ergebnisorientierten Public Manager. In: Schriftenreihe des Bundesinstituts für Berufsbildung. Wissenschaftliche Diskussionspapiere, Heft 72. Bonn 2004

Engler, W.: Bürger, ohne Arbeit. Berlin 2005

Ertelt, B. J.; Schulz, W.: Handbuch Beratungskompetenz. Leonberg 2008 (zitiert nach Rübner, M.; Sprengard, B.: Beratungskonzeption der Bundesagentur für Arbeit - Grundlagen. Nürnberg 2011)

Freier, C.: Soziale Aktivierung von Arbeitslosen? Bielefeld 2016

Galuske, M.: Methoden der Sozialen Arbeit. Weinheim und München 1998

Gern, W.; Segbers, F. (Hrsg.): Als Kunde bezeichnet, als Bettler behandelt. Hamburg 2009

Göckler, R. (Hrsg.): Fachkonzept "Beschäftigungsorientiertes Fallmanagement im SGB II" Abschlussfassung des Arbeitskreises. 2006 (ohne Ort). Abrufbar unter: http://www.netzwerk-weiterbildung.info/upload/m428_08e31037eb_verweis1.pdf

Göckler, R. Beratung in Sanktionskontexten. Tübingen 2009

Gorz, A.: Arbeit zwischen Misere und Utopie. Frankfurt am Main 2000

Griewatz, H. P.; Walpuski, V. J.: „Foucault im Jobcenter" - Supervision in einem widersprüchlichen gesellschaftlichen Feld (Teil 2). In: Onlinezeitschrift für Beratungswissenschaft und Supervision: FoRuM Supervision, Heft 51, 26. Jg, Bielefeld 2018, S. 39-74

Groß, E.: Das unternehmerische Selbst und Vorurteile gegenüber arbeitslosen Personen. Zeitschrift für Soziologie 45 (3), 2016, S. 162-180

Hartmann, H.: Beratung im Jobcenter: Defizite und Perspektiven. In: Archiv für Wissenschaft und Praxis der sozialen Arbeit: Beratung im Jobcenter. Berlin, 45. Jahrgang, Heft 04/2014, S. 4-19

Hartmann, H.: Hartz IV: Jobwunder oder Armut per Gesetz? Berlin 2013

Hartz, P.; Petzold, H. G.: Wege aus der Arbeitslosigkeit. MINIPRENEURE. Chancen um das Leben neu zu gestalten – Zur Bewältigung von Langzeitarbeitslosigkeit. Wiesbaden 2014

Henkenberens, C.: Alltag im Jobcenter. In der Geldbude. Artikel vom 17.01.2016 in der Online-Ausgabe des Weserkurier. Abrufbar unter: https://www.weser-kurier.de/region_artikel,-In-der-Geldbude-_arid,1292121.html

Hielscher, V.; Ochs, P.: Arbeitslose als Kunden? Beratungsgespräche in der Arbeitsvermittlung zwischen Druck und Dialog. Berlin 2011

Kaufmann, M.: Kein Recht auf Faulheit. Das Bild von Erwerbslosen in der Debatte um die Hartz-Reformen. Wiesbaden 2013

Kerber, B.: Die Arbeitsfalle. Berlin 2002

Kirsch, J. et al.: Der Abschied von der Dienstleistung aus einer Hand: Die getrennte Wahrnehmung der Aufgaben nach dem Sozialgesetzbuch II. Berlin 2010

Knobel-Ulrich, R.: Reich durch Hartz IV. München 2013

Kratz, D.: Entfremdete Hilfe. Biographien Langzeitarbeitsloser zwischen entgrenzter Lebensbewältigung und professioneller Beschäftigungsförderung. Dissertation, Universität der Bundeswehr München. 2013. Abrufbar unter: https://athene-forschung.rz.unibw-muenchen.de/doc/90731/90731.pdf

Krause, C. et al.: Pädagogische Beratung. Paderborn 2003

Kuhnert, T.; Stoll, K.: Hartz IV aus systemischer Sicht. Positionspapier der Fachgruppe „Armut und System". Hrsg.: Deutschen Gesellschaft für Systemische Therapie, Beratung und Familientherapie (DGSF). Köln 2015. Abrufbar unter: https://www.dgsf.org/ueber-uns/gruppen/fachgruppen/armut/positionspapier-hartz-iv-aus-systemischer-sicht

Lederer, B.: Kompetenz oder Bildung: eine Analyse jüngerer Konnotationsverschiebungen des Bildungsbegriffs und Plädoyer für eine Rück- und Neubesinnung auf ein transinstrumentelles Bildungsverständnis. Innsbruck 2014

Lindsey, C.: 'McJobs', 'good jobs' and skills: job-seekers'attitudes to low-skilled service work. In: Human Resource Management Journal, Vol. 15, No. 2, 2005, pp. 50-65.

List, Friedrich (1841). In: Prantl, Heribert: Kein schöner Land. München 2005

Looss, W.; Rauen, C.: Einzel-Coaching - Das Konzept einer komplexen Beratungsbeziehung. In Rauen, C. (Hrsg.): Handbuch Coaching. Göttingen 2005, S. 155-182

Mahler, T.: In der Schlange. Mein Jahr auf Hartz IV. München 2011

Mansel, J.; Endrikat, K.: Die Abwertung von "Überflüssigen" und "Nutzlosen" als Folge der Ökonomisierung der Lebenswelt: Langzeitarbeitslose, Behinderte und Obdachlose als Störfaktor. In: Soziale Probleme, Nr. 18 (2) 2007, S. 163-18

Moczall, A. et al.: Sanktionen im SGB II – Menschen mit geringer Bildung werden häufiger sanktioniert. Artikel im IAB-Forum vom 25.07.2017. Abrufbar unter: https://www.iab-forum.de/sanktionen-im-sgb-ii-menschen-mit-geringer-bildung-werden-haeufiger-sanktioniert/?pdf=2999

Mohr, K.: Von „Welfare to Workfare"? Der radikale Wandel der deutschen Arbeitsmarktpolitik. In: Bothfeld, S. et al. (Hrsg.): Arbeitsmarktpolitik in der sozialen Marktwirtschaft. Vom Arbeitsförderungsgesetz zum Sozialgesetzbuch II und III. Wiesbaden 2010, S. 57-69

Mojecki, K. S.: Mit Lamas gegen die Langzeitarbeitslosigkeit. Artikel in DIE WELT vom 17.03.2015. Abrufbar unter: https://www.welt.de/vermischtes/article138480424/Mit-Lamas-gegen-die-Langzeitarbeitslosigkeit.html

Mollenhauer, Klaus: Einführung in die Sozialpädagogik. Weinheim und Basel 2001

Müller, M.: Erfahrungen mit Supervision und Coaching in Jobcentern. Schwerin 2013. Abrufbar unter: http:// www.hdba.de/fileadmin/redaktion/Lehrende/Mueller_Monika/Bericht_Supervision_in_Jobcentern_DGSv.pdf

Mutzeck, W.: Kooperative Beratung. Grundlagen und Methoden der Beratung und Supervision im Berufsalltag. Weinheim & Basel 2008

Oschmiansky, F.: Neues Steuerungsmodell und Verwaltungsmodernisierung. Artikel im Dossier Arbeitsmarktpolitik der Bundeszentrale für politische Bildung vom 01.06.2010. Abrufbar unter: http://www.bpb.de/themen/9D035X,0,0,Neues_Steuerungsmodell_und_Verwaltungsmodernisierung.html

Peterson, G. W. et al.: A Cognitive Information Processing Approach to Career Problem Solving and Decision Making. In: Brown, D. et.al. (Edt.): Career Choice and Development. San Francisco, CA, pp. 312-369

Prantl, Heribert. Kein schöner Land. München 2005

Promberger, M.: Fünf Jahre SGB II – Versuch einer Bilanz. WSI Mitteilungen 11/2009. Abrufbar unter: https://www.wsi.de/data/wsimit_2009_11_promberger.pdf

Reil, H.: Ein Controller wirf hofiert - Chef der Bundesagentur für Arbeit soll auch Bundeswehr effizienter machen. München 2015

Reis, C.; Siebenhaar, B.: Befähigen statt aktivieren. Aktueller Reformbedarf bei Zielsetzung und Aufgabenstellung im SGB II. Expertise im Auftrag der Abteilung Wirtschafts- und Sozialpolitik der Friedrich-Ebert-Stiftung. Juli 2015. Abrufbar unter: http://library.fes.de/pdf-files/wiso/11528.pdf

Retter, H.: Studienbuch Pädagogische Kommunikation. Rieden 2002

Rinas, J.: „Das ist pure Erniedrigung". Artikel über die Erfahrung eines „Kunden" mit einer Maßnahme des Jobcenters in der Hannoverschen Allgemeinen Zeitung vom 23.02.2019, S. 19

Rövekamp, M.: Wie verheerend die Arbeitsbedingungen in Jobcentern sind. In: Der Tagesspiegel vom 07.05.2017. Abrufbar unter: http://www.tagesspiegel.de/wirtschaft/arbeit-im-jobcenter-wie-verheerend-die-arbeitsbedingungen-in-jobcentern-sind/19737004.html

Rübner, M.; Sprengard, B.: Beratungskonzeption der Bundesagentur für Arbeit. Nürnberg 2011

Schein, E.: Helping. How To Offer, Give, And Receive Help. San Francisco 2009

Schiersmann, C.; Weber, P. C.: Einführung in die Qualitätsmerkmale und Indikatoren für Qualität in der Beratung in Bildung, Beruf und Beschäftigung. In: Nationales Forum Beratung in Bildung, Beruf und Beschäftigung und Forschungsgruppe Beratungsqualität am Institut für Bildungswissenschaft der Universität Heidelberg (Hrsg.): Qualitätsmerkmale guter Beratung. Berlin und Heidelberg 2011, S. 9-15

Schober, K.: Wie steht es um die Qualität der Bildungsberatung? Artikel von Karen Schober vom 08.05.2018 für den Deutschen Bildungsserver. Abrufbar unter: https://blog.bildungsserver.de/?p=6150

Schröder, G.: Rede von Bundeskanzler Gerhard Schröder am 28.01.2005 beim World Economic Forum in Davos. Abrufbar unter: http://www.gewerkschaft-von-unten.de/Rede_Davos.pdf

Schütz, H.: Reform der Arbeitsvermittlung. Uniformierungsdruck in der Bundesagentur für Arbeit. Opladen 2008

Schütz, H.: Vom Arbeitsamt zum Kundenzentrum - Reformveränderungen der deutschen Arbeitsvermittlung. In: Schütz, H.; Mosley, H. (Hrsg.): Arbeitsagenturen auf dem Prüfstand. Berlin 2005, S. 135-178

Seithe, M.: Schwarzbuch Soziale Arbeit. Wiesbaden 2010

Sell, S.: Die mediale Kommentierung des Urteils des Bundesverfassungsgerichts zu den Sanktionen im Hartz IV-System. Eine Auswahl. 2019. Abrufbar unter: https://aktuelle-sozialpolitik.de/2019/11/09/die-mediale-kommentierung-der-sanktionsentscheidung-des-bverfg/

Sell, S.: Statistische Tricks auf Kosten der Langzeitarbeitslosen? Stefan Sell im Gespräch mit Nicole Dittmer und Andre Hatting im Deutschlandfunk Kultur. Beitrag vom 30.08.2017. Abrufbar unter: https://www.deutschlandfunkkultur.de/arbeitsmarkt-statistische-tricks-auf-kosten-der.1008.de.html?dram:article_id=394720

Servicestelle SGB II: Kennzahlen. Hilfe und Erläuterungen. Abrufbar unter: https://www.sgb2.info/DE/Kennzahlen/Hilfe-Erlaeuterungen/hilfe-erlaeuterungen.html

Spannagel, D. et al.: Aktivierungspolitik und Erwerbsarmut. WSI-Report Nr. 36. Juli 2017. Abrufbar unter: https://www.boeckler.de/pdf/p_wsi_report_36_2017.pdf

Spitzer, M.: Job – Beruf – Berufung. In: Nervenheilkunde 25; 2006, S. 805-806. Abrufbar unter: http://www.ihrcoach.com/pdfs/artikel_aus_nervenheilkunde_10_2006.pdf

Tagesschau: Bundesagentur für Arbeit Geld für Weiterbildung bleibt oft ungenutzt. Veröffentlicht am 25.01.2019. Abrufbar unter: https://www.tagesschau.de/inland/arbeitslose-weiterbildung-101.html

Weber, M.: Die protestantische Ethik und der Geist des Kapitalismus. Tübingen 1904/2005

Wisdorff, F.: Job-Vermittler drängen Arbeitslose in Zeitarbeit. Artikel vom 11.01.2013 in der WELT. Abrufbar unter: https://www.welt.de/wirtschaft/article112707988/Job-Vermittler-draengen-Arbeitslose-in-Zeitarbeit.html

Wittgenstein, L.: Philosophische Untersuchungen. Frankfurt a. M. 2001/1953

Zick, A. et al.: Gruppenbezogene Menschenfeindlichkeit in Deutschland 2002-2016. In: Zick, et al.: Gespaltene Mitte – Feindselige Zustände. Rechtsextreme Einstellungen in Deutschland 2016. Herausgegeben für die Friedrich-Ebert-Stiftung von Ralf Melzer. Bonn 2016, S. 33-81

Zick, A.: Arbeitslos, nutzlos, abgewertet. Vorurteile gegenüber Arbeitslosen sind in Deutschland weit verbreitet. Bericht des Instituts für Interdisziplinäre Konflikt- und Gewaltforschung der Universität Bielefeld, März 2010. Abrufbar unter: http://docplayer.org/25364484-Arbeitslos-nutzlos-abgewertet-vorurteile-gegenueber-arbeitslosen-sind-in-deutschland-weit-verbreitet.html

Herstellung und Verlag: BoD – Books on Demand, Norderstedt
ISBN: 978-3-7519-2961-5